Mario Giordano

Dynasty

Dagli Agnelli ai Del Vecchio,
dai Benetton ai De Benedetti
il crollo delle dinastie dei potenti

Rizzoli

Pubblicato per

Rizzoli

da Mondadori Libri S.p.A.

Published by arrangement with The Italian Literary Agency

ISBN 978-88-17-19341-2

Prima edizione: marzo 2025

Realizzazione editoriale: Studio editoriale Littera, Rescaldina (MI)

Dynasty

A Carlotta

Introduzione

Per fortuna, Carlotta, la tua eredità non si custodisce in cassaforte. E neppure nei caveau delle banche svizzere. E neppure nelle società off shore alle Bahamas. Per fortuna, Carlotta, la tua eredità si custodisce nel cuore. E ci ho pensato tanto, mentre scrivevo questo libro, mentre inseguivo i testamenti di ricchi miliardari che hanno lasciato dietro di sé scie di quattrini e vergogne, ho pensato invece al testamento che hai lasciato tu, da quel letto d'ospedale che ti ha portato via troppo presto. Ci hai insegnato che persino mentre si muore si può amare il mondo. Si possono amare gli altri e la vita.

Te ne sei andata un giorno di febbraio, dopo pochi mesi di malattia fulminante. Sento un dolore alla schiena, hai detto a maggio. A giugno ancora ballavi, seppur dolorante, alla festa di *Fuori dal coro*. Ad agosto eri su una carrozzella. Sei entrata in ospedale e non ne sei uscita più. Eppure, per tutta la durata di questo tuo inaccettabile calvario, non hai mai smesso di mostrare quell'entusiasmo che aveva fatto di te una delle inviate più riconoscibili e determinate della tv. Fino all'ultimo ti sei collegata alla riunione settimanale di *Fuori dal coro* dal tuo letto d'ospedale. Nascondevi le lacrime, soffocavi il dolore e ci davi coraggio. Tu davi coraggio a noi. Fino all'ultimo. Mai una parola d'astio, mai un sentimento che non fosse positivo. Prima dell'ultimo ricovero hai avuto qualche giorno di libertà fuori dall'ospedale: lo hai speso per comprare il regalo a una bimba appena nata. L'ultimo tuo pensiero, prima di chiudere gli occhi per sempre, è stato il compleanno di un'amica.

Ho pensato a te mentre scrivevo le storie delle Dynasty italiane perché ho sempre creduto che questo non fosse un libro di soldi, ma un libro di vita. Sì, certo, si parlerà di tesori, aziende, fatturati, ricchezze sconfinate, case, ville, castelli, quadri da collezione e yacht da faraoni. Ma si parlerà anche di padri e figli, madri e suocere, si parlerà di liti e meschinità, colpi bassi e volgarità. E ti confesso, cara Carlotta, che scrivendo non sono mai riuscito a togliermi dalla testa una domanda: possibile che, di fronte a un testamento, cioè davanti al grande mistero della morte, i soldi continuino a valere più di tutto? Più della famiglia, più dei rapporti con i figli, più del ricordo dei propri cari? Possibile che tutto ciò che c'è di sacro dentro le mura di casa venga gettato nel fango per correre dietro all'ultimo quattrino? Possibile che, per quelli che dovrebbero essere i leader di questo Paese e per i loro eredi, alla fine gli unici valori che meritano di essere tramandati siano i valori di Borsa?

Per questo ti ho pensato. Perché, per la prima volta dopo anni, ho scritto un libro che non denuncia solo gli sprechi, le follie, le scelleratezze dei potenti, ma racconta le miserie dell'animo umano. Sembra incredibile che i miliardari, i Paperoni, i principi delle élite economiche di questo Paese siano così ricchi di denaro e poveri di tutto il resto. Sembra incredibile che possano danzare ebbri di egoismo intorno all'urna funeraria dei loro capifamiglia. Sembra incredibile che si trascinino per anni a lottare nel fango senza alcun rispetto per sé stessi, per la loro storia, per i loro cari e per il Paese che spesso li ha nutriti e foraggiati. E io non riesco a togliermi dalla testa sempre la stessa domanda: ne vale la pena? Sacrificare tutto, anche la propria dignità, anche i propri affetti, anche le proprie memorie, per qualche dollaro in più? Sono tutti pieni di denaro, ne hanno più di quanto ne possano spendere in tutta la loro vita. Eppure lottano per averne ancora. Per averne altro. Senza mai chiedersi se per quel pacco di quattrini vale la pena perdere un abbraccio del proprio figlio. O la festa di compleanno della nipotina.

Negli anni Ottanta, quando ho iniziato a fare il giornalista, era di moda raccontare le imprese del grande capitalismo familiare. C'erano l'Avvocato, l'Ingegnere, il Cavaliere, il Contadino. Lo ha ricordato anche De Benedetti (l'Ingegnere, per l'appunto) nell'intervista al «Corriere della Sera» per i suoi novant'anni (26 ottobre 2024): «Ci definirono i condottieri». Le loro foto dominavano le riviste internazionali, oltre che le pagine dei quotidiani italiani. E uscivano fiumi di libri per celebrare con toni entusiastici le loro gesta rampanti. Si trattava di un vero e proprio filone editoriale di successo. Ho sulla mia scrivania il volume simbolo di quell'epoca. Ovviamente l'ha scritto Enzo Biagi. S'intitola *Dinastie*.

Oggi, però, quelle dinastie si stanno sgretolando davanti ai nostri occhi. Le grandi famiglie, dagli Agnelli ai Del Vecchio, dai Benetton ai De Benedetti, nel momento del passaggio generazionale, stanno dimostrando tutta la loro debolezza. Spesso pure la loro meschinità. A eccezione del caso Berlusconi (ed è un paradosso: in vita è stato il più attaccato sul piano morale, eppure è stato l'unico capace di gestire senza scandalo l'eredità), tutte le altre casate del capitalismo italiano sono precipitate in un abisso di liti e vizi, ripicche e colpi bassi, pubbliche vergogne e private avidità, che ha buttato nel discredito non solo il loro presente. Ma pure il loro passato.

Pensate alla torbida faida di casa Agnelli, con madre (Margherita) e figli (Jaki Elkann e i suoi fratelli) che litigano sull'eredità rinfacciandosi l'un l'altro maltrattamenti ed evasione fiscale, quadri spariti, tesori nei paradisi fiscali e orecchini da 78 milioni di euro mentre le fabbriche italiane della ex Fiat si spengono lasciando gli operai in mezzo alla strada. Pensate ai Del Vecchio che da quasi tre anni non riescono a mettersi d'accordo sull'eredità e si detestano a tal punto (dicono le inchieste) da ricorrere agli spioni illegali per controllarsi a vicenda e per produrre dossier falsi, con corredo di polpette avvelenate e membri della famiglia accusati ingiustamente di frequentare criminali sessuali. Pensate ai De Benedetti, con figli e genitori che si scontrano all'arma bianca in una specie di guerra dei Roses della carta stampata. E pensate ai Benetton, alla famiglia che insegnava al mondo etica e solidarietà, ed è precipitata nell'infamia, con quelle feste a Cortina celebrate senza ritegno dopo la tragedia del ponte Morandi, mangiando e bevendo su quarantatré cadaveri ancora caldi. Pensate a loro, perché, come ha detto un manager che li conosce bene: «Non capiscono un cazzo. Sono indegni. Vogliono solo i soldi. E pensano ai cazzi loro».

Temiamo che sia abbastanza vicino al vero: gli eredi di quel capitalismo familiare che ci emozionò negli anni Ottanta ora hanno tanti soldi, ma non hanno la struttura morale per gestirli. Non sono mai stati così ricchi, e insieme così poveri. Pieni di denari e umanamente miseri. E come se non bastasse, questo loro degrado morale lo spiattellano in pubblico, nei tribunali, sui giornali, aprendo guerre senza fine che mettono in mostra le loro piccinerie. Non che i loro padri e i loro nonni non avessero vizi. Ma almeno non li esibivano. Erano riservati, nel bene e nel male. Leonardo Del Vecchio è diventato il primo contribuente italiano senza che nessuno sapesse chi fosse. Quando uscì la notizia, era così sconosciuto che in tv sbagliarono il nome. Suo figlio Leonardo Maria non ha ancora combinato nulla, ma ha 5 miliardi di patrimonio personale ed è già una star: rilascia interviste, va in tv, si mette in posa fra red carpet e showbiz, spiattella ogni giorno sui social affari e amori, finendo poi coinvolto in torbide storie di 007 e presunti abusi.

Ed è insopportabile leggere fra le righe sin troppo devote dei grandi mezzi di comunicazione, tutti ancora inginocchiati di fronte al potere del denaro, il coro della giustificazione: «Bisogna capirli, poverini. Non dev'essere facile essere il figlio di...». Proprio così: poverini. Poverini, questi ricchi. «Combinano guai, ma non è colpa loro.» «Hanno genitori troppo ingombranti.» «Hanno un peso grande da sopportare.» Ma vi pare? È davvero un peso troppo grande nascere con 5 miliardi in tasca? Vivere da re? Avere a disposizione mezzi infiniti per studiare, per viaggiare, per conoscere, per crescere? Qualcuno pensa davvero che nascere in casa Agnelli o Benetton sia una sfiga? Che sia meglio nascere a Quarto Oggiaro o a Tor Bella Monaca, figli di qualche disoccupato senza un soldo? Davvero qualcuno pensa che Lapo Elkann, nipote dell'Avvocato, sia più sfortunato del nipote dello spazzino di Ladispoli?

Questo è un libro che denuncia il crollo delle nostre élite economiche. È un viaggio fra ori e orrori, fra parenti e serpenti, il dietro le quinte dei «poteri marci» (copyright Dagospia). Osserveremo il disfacimento delle grandi famiglie del capitalismo italiano, facendoci una domanda: si può evitare tutto ciò? Uno dei manager più importanti della recente storia italiana, che ho incontrato per scrivere questo libro, mi ha confidato che negli Stati Uniti le banche, quando un imprenditore compie settant'anni, cominciano a chiedergli i piani per la successione. In Italia, invece, il tema del passaggio generazionale è rimasto lì, addormentato, abbandonato per anni, lasciato alla singola iniziativa, ognuno faccia come crede, o come può. E troppo spesso la genialità dei grandi imprenditori fa a pugni con la necessità di prevedere il futuro. Nessuno di loro riesce a pensare l'azienda senza di sé. Sono troppo egocentrici per immaginare che un giorno non ci saranno più.

E così succede quello che vediamo oggi e che racconteremo nel libro. Un passaggio generazionale quasi sempre sconclusionato. Liti furibonde, risse sulla pubblica piazza, attacchi senza ritegno che finiscono per travolgere anche figure che sembravano intoccabili. Pensate all'Avvocato: quando morì, venne celebrato quasi come un santo. Il suo funerale fu un tributo di popolo. Si spesero parole al miele. Ora pure lui viene trascinato nella polvere dalla faida familiare che porta alla luce tutti i lati oscuri della sua vicenda umana e aziendale, soldi all'estero e cocaina compresi. Così finiscono le dinastie. E iniziano le Dynasty. Così finiscono le storie di successi. E iniziano le storie di intrighi. Così finiscono le storie dei condottieri. E iniziano le storie degli ereditieri. Così finiscono le storie di chi ha guadagnato montagne di denaro. E iniziano le storie di quelli che nel denaro ci nuotano da quando sono nati, e ora rischiano di affogarci dentro. E sono queste storie, tragiche e a volte comiche, in parte inedite, che oggi è necessario raccontare.

Alla fine poi, cara Carlotta, io penso che questi ricchi miliardari siano proprio dei poveracci. Sarà che sto invecchiando, ma sono convinto che la vera eredità sia quella che ci hai lasciato tu, morendo un giorno di febbraio dopo esserti preoccupata non del tuo dolore ma di un regalo da fare. Morendo senza aver mai perso il sorriso. Morendo e lasciando dietro di te una fila infinita di sentimenti buoni e persone che ti vogliono bene. Eri una ragazza semplice. Sarda e testarda, grintosa e bella. Tuo papà Ignazio, guardia penitenziaria, tua mamma Orazina, casalinga. Tu, unica figlia, orgoglio di casa, cocciuta e caparbia nell'inseguire il sogno che desideravi fino a che ce l'hai fatta a realizzarlo. I tuoi genitori ti hanno dato un'eredità che vale più di tutti i tesori di Agnelli, Benetton & C.: ti hanno dato un cuore grande e la capacità di amare. E tu, questa eredità, non te la sei tenuta per te, ma l'hai voluta lasciare a noi. Ora mi aiuti a dire a questi figli di papà che non hanno capito nulla della vita?

Si chiamano Agnelli, ma sono lupi

Albero genealogico famiglia Agnelli

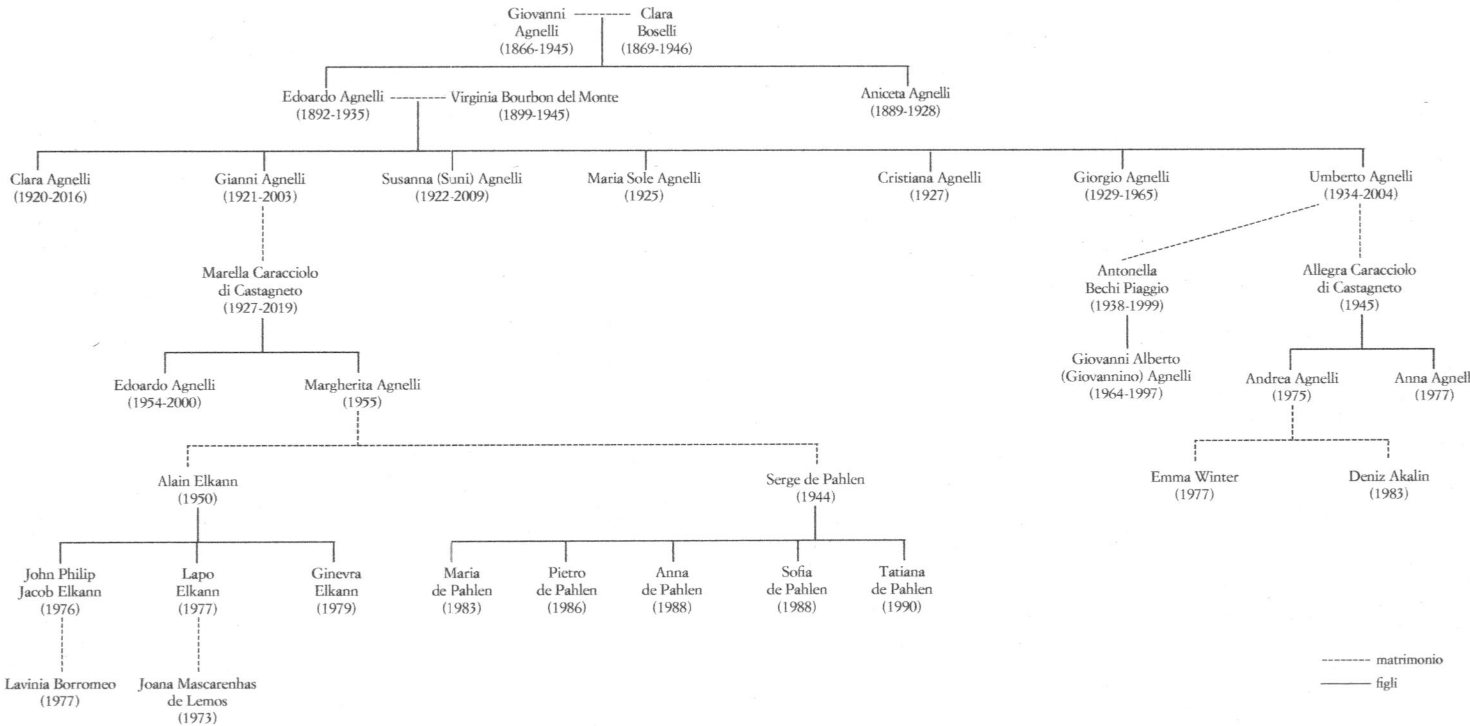

C'era una volta un re

C'era una volta un re. Adesso ci sono solo miserie. E macerie. Laddove regnavano casa Agnelli e il sovrano Avvocato, principe dello charme e signore dell'eleganza, ora sono rimasti soltanto eredi che si rotolano nel fango. Madri contro figli, figli contro madri, violenze domestiche rinfacciate sulla pubblica piazza, meschinità assortite, oscenità esibite, evasioni fiscali, soldi nascosti, quadri e ville contesi a suon di menzogne, danze macabre attorno ad anziane signore malate di Parkinson.

C'era una volta un re con l'orologio sopra il polsino e la cravatta fuori dal pullover, e tutti applaudivano entusiasti: guarda che classe, guarda che stile. È un maestro, dicevano. È un esempio, ripetevano. Invece, probabilmente, era solo un inganno. Perché se quel re avesse avuto davvero classe e stile, se davvero fosse stato maestro ed esempio, come raccontavano, ebbene allora non avrebbe lasciato dietro di sé questo infinito strascico di querele, rancori e bile in cui affonda ogni giorno di più la sua famiglia.

Il 31 maggio 2024 John Philip Jacob Elkann detto Jaki, nipote dell'Avvocato e suo successore alla guida dell'impero, rilascia un'intervista al quotidiano cattolico «Avvenire». E nelle ultime righe lancia la bomba: «Insieme ai miei fratelli Lapo e Ginevra fin da piccoli abbiamo subito violenze fisiche e psicologiche da parte di nostra madre». Il 19 dicembre 2024, parlando al settimanale francese «Le Point», ribadisce le accuse: «Mia madre è una persona naturalmente violenta» dice, e parla di sfuriate che sfociavano nella «violenza verbale e fisica». A febbraio 2024 si era saputo che il medesimo Jaki era stato iscritto nel registro degli indagati della procura di Torino per evasione fiscale. A denunciarlo, un esposto presentato proprio dalla mamma, Margherita, che dunque prima accusa il figlio di evasione fiscale e poi viene da lui accusata di maltrattamenti e violenze. «Io e Jaki teniamo molto all'unità della famiglia Agnelli» assicurava Margherita in un'intervista a «Vanity Fair» del marzo 2004. E meno male. Altrimenti, se non avessero tenuto all'unità della famiglia, che cosa avrebbero fatto? Si sarebbero scannati davanti a tutti? Si sarebbero lanciati bombe a grappolo sulla capoccia? In ogni caso, oggi l'unità della famiglia, cui tanto dicevano di tenere, è ridotta a questo: un figlio che denuncia la madre per maltrattamenti a mezzo giornale e una madre che denuncia il figlio per evasione a mezzo tribunale. Si può desiderare di meglio?

Il 20 settembre 2024, per la prima volta nella storia, una procura della Repubblica si presenta a casa Agnelli con in mano un decreto penale. Toc toc, scusate, siete voi gli eredi della Real Casa? Vengono sequestrati 74,8 milioni di euro. Evasione fiscale. Il magistrato scrive che i tre nipotini dell'Avvocato hanno mostrato «indubbia pervicacia nel conseguire ulteriore profitto». Proprio così: ulteriore profitto. Ulteriore. Anche il giudice sembra stupirsi: come è possibile che i rampolli d'oro non s'accontentino della fortuna che hanno avuto, che già non è poca? Eppure è così. Vogliono di più. Sempre di più. Lo vogliono con «indubbia pervicacia». Lo vogliono a tutti i costi. Dalle carte dell'inchiesta, infatti, spuntano soldi nei paradisi fiscali di Nassau, tesoretti alle Bahamas, fondi in Lussemburgo, conti segreti a Hong Kong e Singapore, firme apocrife sui testamenti e un capolavoro: il «vademecum della frode», preciso manuale d'istruzioni che sarebbe stato usato dagli eredi Agnelli per aggirare il fisco. In particolare per far risultare nonna Marella residente in Svizzera, anche se in realtà passava la maggior parte del suo tempo in Italia.

E non è tutto. I tre nipotini avrebbero elaborato anche un sistema per non pagare le tasse di successione sui gioielli e sui quadri della nonna, dopo la morte di quest'ultima. In pratica hanno stilato una lunga lista di feste comandate (Natale, Pasqua, battesimi, compleanni, eccetera) in cui ognuno di loro avrebbe ricevuto uno di quei preziosissimi oggetti in dono. Tutto falso, dicono i magistrati. L'unica cosa reale è il valore dei gioielli: 170 milioni di euro. Compreso un paio di orecchini Harry Winston in diamanti blu fantasia che da soli sono stati stimati 78 milioni di euro. Quelli se li è portati a casa Ginevra. Che avendo incassato quella piccola fortuna, più altri oggetti di valore per un totale di 111 milioni di euro, avrà pensato: come posso ringraziare il cielo per questo bendidio? Ovvio: cercando di non pagare le tasse...

Quel triste caviale del tramonto

Sono diciotto anni ormai che le beghe giudiziarie degli Agnelli tengono banco. Sono stati scritti articoli, pamphlet, libri e dossier. Sono state coinvolte intere generazioni di avvocati, consulenti, investigatori, 007, uffici di comunicazione. C'è chi si è schierato da una parte, chi dall'altra, chi ha pubblicato tutto e chi niente, ci sono libri mai usciti e altri usciti e subito spariti. Ci sono, come in ogni battaglia di questo tipo, menzogne e mezze verità, ripicche e bugie diffuse ad arte. Ma su tutto c'è un dato innegabile: l'autodistruzione di quella che era considerata una famiglia reale. I re senza corona dell'Italia repubblicana si sono sfasciati senza dignità e senza ritegno, buttando in piazza le loro reciproche miserie. Dando in pasto alla pubblica opinione vizi e lussi, ozi ed eccessi, paradisi fiscali e paradisi artificiali, rinfacciandosi società off shore e festini coca&trans, cercando di occultare l'un l'altro i capolavori di Picasso e di Monet. E tutto ciò è accaduto, questa è la cosa più grave, mentre la società fondata l'11 luglio 1899 dal senatore Giovanni Agnelli, quella Fiat che ha fatto la storia del Paese ed è stata finanziata con i soldi dei contribuenti, pezzo dopo pezzo si dissolveva nel nulla, lasciando dietro di sé un deserto di fabbriche chiuse, cassa integrazione e disperazione.

L'11 luglio 2024 Jaki Elkann apre ufficialmente le celebrazioni per i 125 anni della Fiat. Peccato che la cerimonia avvenga al Lingotto, cioè una ex fabbrica diventata centro commerciale. E peccato che il piatto forte di giornata sia il lancio della nuova Grande Panda, che verrà prodotta in Serbia. Uno stabilimento chiuso e un'auto da produrre all'estero: non male come celebrazione della fu Fabbrica Italiana Automobili Torino. Sembra quasi una presa in giro. Ma la verità è questa: il senatore Agnelli, fondatore dell'impero, si arricchì arricchendo anche il Paese. I suoi eredi, invece, si arricchiscono impoverendo il Paese. «Non possiamo più occuparci dell'Italia» si sarebbe lasciato scappare un giorno Jaki durante una riunione. E in effetti è così: non si occupano più dell'Italia. L'azienda prima è stata portata in Olanda, poi è stata venduta ai francesi. Alla famiglia di Torino (o meglio: ex famiglia di Torino) restano solo le quote necessarie per passare alla cassa. Cosa che sanno fare con una certa disinvoltura: fra il 2021 e il 2023, infatti, la finanziaria degli Agnelli ha realizzato ben 10 miliardi di utili, altri 14,7 soltanto nei primi sei mesi del 2024. E così i familiari hanno potuto continuare a ricevere ricchi dividendi, centinaia di milioni di euro, cedole staccate senza interruzione, senza vergogna, sfacciatamente. Anche mentre le fabbriche chiudevano. Anche mentre gli operai perdevano il lavoro.

Sono scesi in piazza, gli operai. Più e più volte. Hanno protestato, da Pomigliano a Mirafiori. Sforzo inutile, però. Produrre auto, infatti, ormai non interessa più di tanto agli eredi degli Agnelli. Anzi, pare non interessi quasi per nulla. Interessa solo far girare i soldi. E incassarne tanti. Incassarne sempre di più. Magari vendendo pezzi pregiati dell'impero, piccoli patrimoni di storie umane e professionali che vengono dati in pasto alle multinazionali, senza preoccuparsi del destino che avranno. È successo prima con Magneti Marelli, poi con Comau. Ma nel corso degli anni sono andate perdute, una dopo l'altra, la Fiat Ferroviaria, la Fiat Aviazione, la Riv, la Grandi Motori che produceva i diesel, la fabbrica dei camion e l'acciaieria Ferriere, tutte liquidate o vendute per far cassa. Hanno chiuso gli impianti di Desio, Chivasso, Arese e Rivalta. Nel 2024 la produzione di auto in Italia è diminuita del 40 per cento. A Mirafiori del 70 per cento. Si è tornati a fabbricare lo stesso numero di macchine che si fabbricavano nel 1957, prima del boom economico, quando la Seicento era ancora un lusso per pochi.

Fabbriche vuote, dunque, ma tasche piene. Gli eredi Agnelli, infatti, non hanno mai rinunciato ai loro lussi. Anche mentre bruciavano posti di lavoro, anche mentre lasciavano famiglie in mezzo alla strada, hanno continuato a contendersi yacht, quadri, ville e fondi nascosti nel Liechtenstein, tesoretti alle Bahamas, capolavori di Picasso e orecchini da 78 milioni di euro, rinfacciandosi le peggio meschinità. E facendo a turno le vittime, comodamente seduti sui miliardi intascati senza aver mai fatto nulla per meritarli. Ecco: ciò che cercheremo di raccontare qui è che, con buona pace dei biografi di una e dell'altra parte, in questa vicenda non ci sono vittime. Non è vittima Margherita, non è vittima Jaki, non sono vittime i figli di primo letto, né quelli «russi» di secondo letto, non è vittima Lapo e nemmeno il cugino accigliato Andrea. Forse non era vittima neppure Edoardo, il primo figlio dell'Avvocato, morto suicida buttandosi giù da un ponte di Fossano. Le uniche vittime sono gli italiani che devono sorbirsi questo indegno spettacolo della ricchezza. Questo caviale del tramonto di pessimo gusto.

Il senatore Giovanni Agnelli fondò l'impero: era serio e pensava solo a lavorare. Suo nipote Gianni mantenne l'impero: era assai meno serio e pensava molto a divertirsi, ma almeno sapeva tenere nascosti gli scandali. I suoi eredi, invece, quell'impero lo stanno liquidando. E come se non bastasse, lo liquidano rotolandosi nel fango dei loro soldi, esibendo le loro miserie davanti a tutti, e riducendo così a brandelli non solo il mito della famiglia reale, ma anche, direttamente, il mito del re. Tanto che oggi una sola domanda resta da porsi: come è stato possibile tutto ciò?

Quando il nome di Agnelli veniva sussurrato

«C'era un'aura di sacralità attorno a loro. Ora hanno ucciso tutto.» Emanuele Gamna è stato amico, ancor prima che avvocato, di Margherita Agnelli. Da sempre nella Real Casa torinese è uno di famiglia. Quell'ambiente lo conosce bene. Lo incontro nella sua dimora, sulla collina di Moncalieri, nota come Villa Silvio Pellico. In realtà è l'antica residenza dei marchesi Falletti di Barolo, di cui Silvio Pellico era un dipendente. Costruita nel

Settecento, circondata da un parco di sette ettari, con piante ad alto fusto e alcuni platani donati da Napoleone, ha uno dei giardini all'italiana più belli del mondo. L'ha disegnato Russell Page, considerato il Mozart dei parchi. E la dolcezza di questo paesaggio sembra far da contrappunto all'amarezza del cuore dell'avvocato Gamna: non si dà pace per le vicende che hanno travolto gli eredi sabaudi, e che hanno scottato anche lui.

«Hanno distrutto etica ed estetica» dice. «C'era un tempo in cui il nome Agnelli, in questa città, non veniva nemmeno pronunciato: al massimo veniva sussurrato con il rispetto che si deve ai sovrani.» Ora, invece, il nome lo si grida nelle piazze, sui giornali e nelle aule dei tribunali. «La cosa più grave è che il re non è più un mito nemmeno per i suoi.» Ora tutti sanno dei soldi all'estero, dei tesoretti off shore, dei paradisi fiscali e del denaro occultato. E tra i familiari qualcuno si starà chiedendo: non è che nei suoi anni d'oro, oltre che l'erario, l'Avvocato ha fregato anche noi?

Sembrava impossibile distruggere il suo mito. Quando Gianni Agnelli è morto, il 24 gennaio 2003, è stato celebrato come un santo. «L'avvocato della gente» titolavano i giornali. «Da oggi siamo più soli.» Parlavano di lui come dell'«uomo buono». «Ha dato da mangiare a tutti» attaccava l'editoriale della «Stampa» il 26 gennaio, mentre centomila persone s'inchinavano davanti al feretro, in quella fiumana di gente che sobriamente fu definita «un Gange di umanità». Sempre sobriamente si disse che Gianni Agnelli era «un moderno Lorenzo il Magnifico» ma «con la fisionomia di Giulio Cesare».

«Pensavo fosse immortale» commentava Giorgio Armani, confondendo forse il capo della Fiat con Gesù Nazareno. Del resto non era difficile cadere nell'errore, dato il tono delle celebrazioni. Fiumi di articoli sulle virtù dell'Avvocato. E naturalmente sulla sua eleganza: il blazer blu con i mocassini, l'orologio sul polsino, la erre arrotata che lo faceva diventare «griffe di sé stesso». Schiere di giornalisti pronti a giurare di essere stati svegliati all'alba da una delle sue mitiche telefonate, ovviamente sempre argute e intelligenti. Messaggi di addio adoranti, estasiati, esagerati. Come quello pubblicato il 26 gennaio 2003 dal «Corriere della Sera», senza nemmeno un filo d'imbarazzo: «Si diceva che sapesse miscelare champagne con un ottimo nebbiolo. Anche per questo ci mancherà». Eccome no. Come si fa a vivere senza l'Avvocato che miscela champagne e nebbiolo?

Del resto erano anni che ci si allenava alla costruzione del mito. Uno dei principali artefici è stato il giornalista Enzo Biagi, autore, negli anni Ottanta, del già citato libro *Dinastie*, dove Gianni Agnelli veniva definito, sempre con molta sobrietà, «l'unico sovrano che regna su una città dopo i Medici, gli Sforza, i Gonzaga e i Savoia». Ovviamente, scriveva Biagi, «dà del tu ai padroni del pianeta», è amico dei Kennedy, «cena con Rockefeller e con Edmond de Rothschild», conduce «le sue aziende nella più conveniente direzione», ama l'arte, lo stile, il design, insegna l'eleganza, e soprattutto è «una figura romantica», come dimostra «il suo volto energico e bello, dalla pelle spessa, segnata in tutte le direzioni da rughe di cuoio, bucata dal blu dello sguardo». Insomma: bello, capace, potente, elegante, regnante, romantico, energico, fantastico e superfantastico. Pregi: tanti. Difetti: non pervenuti. Quindi, «per concludere: il numero 1».

Ora, però, dal polverone giudiziario alzatosi dopo la sua morte, è emerso chiaramente che quel numero 1, più che miscelare nebbiolo e champagne, miscelava capitali all'estero e fondi off shore. Uno dei gestori dei suoi soldi in Svizzera, Siegfried Maron, ha presentato un elenco di società del Liechtenstein nelle quali sarebbero stati custoditi 600 milioni di euro. Ma i denari occultati fuori dai confini nazionali, a detta della figlia Margherita, potrebbero essere molti di più. «L'Espresso» (21 ottobre 2024) calcola almeno 2 miliardi di euro, concentrati soprattutto in due trust alle Bahamas (The Providenza e The Providenza II). Ma si parla di tesoretti nascosti anche alle Isole Vergini, a Hong Kong e a Singapore. La procura di Torino indaga.

E anche la sbandierata passione dell'Avvocato per l'arte, da sempre indicata come inequivocabile segno di classe, di gusto e di savoir faire, forse celava qualcos'altro. Forse era semplicemente un sistema per investire denaro in modo, diciamo così, sicuro e poco visibile: il patrimonio di quadri lasciato dall'Avvocato, secondo quanto ricostruito dalla trasmissione *Report* del 15 ottobre 2023, è di 636 capolavori, per un valore di oltre un miliardo di euro. Opere di Monet, Picasso, Canova, Balla, Bacon, De Chirico, Paul Klee... Una tela del valore di 20 milioni di euro (*La Chambre* di Balthus) è stata ritrovata in uno scantinato. Di altre 39 opere si sono perse le tracce: fra queste un Modigliani, un Rodin, due Picasso, un

Monet, un De Chirico e due Bacon. Per altro si è saputo che molti dei quadri, anche quelli in Italia, appartenevano a una società straniera ed erano «passaportati», quindi esportabili, senza problemi, in qualsiasi momento. Tutte scelte dettate solo dall'amore per l'arte? E dall'amore per lo stile? Solo savoir faire? Davvero?

Così anche l'Avvocato è caduto nella polvere

Ed ecco, allora, che molte ombre hanno cominciato ad allungarsi su quell'«uomo buono» che «dava da mangiare a tutti», salutato nel giorno del suo funerale da centomila persone in fila come se fosse un eroe nazionale, un mezzo santo, un quasi beato. E anche sulla sua vita personale si sono accesi riflettori un tempo impensabili. Per anni, infatti, sulla Real Casa non sono stati scritti libri se non agiografici. La regola aurea, spiega Emanuele Gamna nel suo libro *M. L'importanza di chiamarsi Agnelli*, era che «fortune e sfortune di famiglia si tenevano lontane dagli occhi della piazza». Invece ora si sono aperte le porte del castello, e tutti sbirciano dentro, e tutti possono raccontare che l'Avvocato non solo non era un santo, ma non era nemmeno quell'esempio di stile che si diceva, se in gioventù, dopo aver accompagnato la fidanzata Pamela Churchill in una clinica svizzera per abortire, ebbe il coraggio di confessarle che mentre lei abortiva lui aveva trascorso una notte di fuoco con una modella. Lo racconta Jennifer Clark nell'*Ultima dinastia*, il libro sulla saga degli Agnelli uscito nel 2024. La Clark, già giornalista di Reuters, Bloomberg e «Wall Street Journal», ricostruisce anche, senza più tabù, la notte dell'incidente del 2 agosto 1952 in cui Agnelli si schiantò correndo in auto come un pazzo, fra una fidanzata e l'altra, dopo una serata di liti ed eccessi, salvandosi per miracolo e rovinandosi per sempre una gamba. «Stando alle tracce sul comodino, Gianni aveva assunto cocaina» scrive la Clark, squarciando il velo di pudore che circondava la vicenda. Effetto della bufera mediatica: anche la storia della famiglia viene riscritta. Si rimesta fra le vergogne. E così il re cade definitivamente nella polvere.

«Alla morte di mio padre è come se si fosse rotta la molla di un orologio: si sono sparpagliati tutti i pezzi» ha detto Margherita. Ma fra le colpe dell'Avvocato c'è anche quella di non essere stato capace di far sì che quei pezzi rimanessero insieme. Di non aver saputo educare i suoi due figli. Di non aver costruito un rapporto né con Edoardo (che non a caso muore buttandosi da un ponte) né con Margherita, che considerava «una casalinga un po' bigotta», da tenere buona, tutt'al più regalandole un centinaio di milioni in Svizzera. Ma soprattutto non è stato in grado di preparare e organizzare la sua successione, cosa che invece ogni re dovrebbe fare. Non ci ha pensato. O, se ci ha pensato, non l'ha fatto. Il nipote Jaki diventa l'erede designato perché si trova a essere il principale azionista della Dicembre, una società semplice che controlla la Fiat, i cui contorni rimangono incerti e confusi per anni. E lo diventa attraverso operazioni contestabili. E, soprattutto, senza mai ricevere un'investitura piena e formale. Senza essere citato nel testamento ufficiale.

Tutto ciò ha aumentato la confusione, ha creato le condizioni perché si scatenassero invidie, odi e avidità incrociate. «Siamo consapevoli di quello che un Agnelli deve fare» disse Lapo al funerale del nonno. Evidentemente no. Evidentemente non è stato così. Non ne erano consapevoli. Lapo per primo, visto quello che poi ha combinato, e tutti gli altri a ruota. Non ne erano consapevoli perché nessuno gliel'aveva detto. E perché loro non l'avevano imparato. «*Don't forget you are Agnelli*», non dimenticatevi che voi siete Agnelli, ripeteva l'allora governante, Miss Parker, ai rampolli della casa quando i rampolli vestivano ancora alla marinara. Ma erano altri tempi. Ora che cosa significhi essere Agnelli sembra che se lo siano dimenticati tutti. E anche se giocano a fare le vittime, è soprattutto colpa loro.

E Marella diceva: «Sono in mutande»

«Mi hanno ridotto in mutande.» Anche Marella, la moglie dell'Avvocato, negli ultimi anni di vita ha fatto la vittima. Dopo l'accordo del 2004, con cui lei e la figlia Margherita si sono spartite l'eredità, aveva a disposizione una «pansione», come la chiamava, alla francese, cioè una pensione da 600.000 euro al mese, 7 milioni di euro l'anno. Glieli versava la figlia, che aveva avuto in cambio la quasi totalità dell'eredità visibile, per un valore di circa 1,3 miliardi di euro. Ma Marella, oltre ai 600.000 euro depositati ogni mese sui conti di una società delle Isole Vergini Britanniche, aveva ottenuto anche la piena proprietà delle case di Saint Moritz (4000 metri quadrati più altrettanti di parco con annesso chalet) e di New York (valore delle due magioni: 38 milioni di euro) più gli arredi in esse contenuti (altri 15 milioni di euro), più l'usufrutto di Villa Frescot, Villar Perosa e dell'appartamento di Roma, compresi gli arredi (altri 45 milioni di euro), oltre al 50 per cento dello yacht Stealth (1,5 milioni di euro) e all'usufrutto dell'altro yacht F100 (2 milioni di euro). Totale: 101,5 milioni di euro. Più una parte dei quadri per un valore che nelle carte degli avvocati era stimato 63,9 milioni di euro, ma che sul mercato già allora valeva molto di più. Senza contare azioni, partecipazioni, varie ed eventuali. Roba che al confronto Paperon de' Paperoni si mette in coda alla mensa Caritas, insomma. Eppure Marella si lamentava. E ripeteva: «Mi hanno ridotto in mutande».

Marella muore il 23 febbraio 2019, a novantun anni. E anche lei viene celebrata come l'ultima regina d'Italia. Si ricordano la sua eleganza, le vacanze dorate, i weekend con i Kennedy, paginate e paginate per esaltare la sua capacità di arredare case e progettare giardini. Viene definita «regina madre», «regina degli elfi», «principessa regale», si celebrano il «collo nobile» e i «piedi bellissimi», la si definisce «infinitamente più elegante della regina d'Inghilterra» e ci si lascia andare a metafore esagerate parlando di lei come dell'«ultimo cigno che sorvolava con grandi ali bianche i giardini incantati», oppure paragonandola alla «Venere di Botticelli, espressione del nuovo Rinascimento italiano». Peccato che questa regina, questa nobildonna, questa Venere di Botticelli, potrebbe essere stata un enorme evasore fiscale, almeno stando alle accuse della figlia e alle indagini della procura. Intanto non avrebbe denunciato quei 7 milioni di euro di pensioncina che incassava ogni anno. E poi si sarebbe dichiarata residente in Svizzera mentre passava la maggior parte dei suoi giorni a Villar Perosa o nella splendida casa di Roma, così ricca di quadri e opere pregiate da sembrare un museo. Oltre che, naturalmente, a Marrakech, dove nel frattempo (me lo stavo dimenticando) si era comprata un'altra villa del valore di 12 milioni di euro. Ovvio, no? Quando uno è ridotto in mutande, che fa? Compra una villa a Marrakech...

Sarà naturalmente lo sviluppo delle vicende giudiziarie, che ormai riguardano i nipoti di Marella, a dire che cosa c'è di vero sulla falsa residenza, sui soldi nascosti, sulle sedici società off shore nelle Isole Vergini Britanniche, oggetto degli esposti della figlia e delle indagini della procura. Ma già il fatto che si sia arrivati a questo punto – con una figlia che denuncia l'evasione fiscale della madre e manda gli investigatori a ricostruire quanti giorni l'anno trascorresse davvero nello chalet di Lauenen, in Svizzera (troppo pochi per essere davvero residente lì, dice l'esposto), con maggiordomi, domestiche e giardinieri, oltre a vicini di casa e sacerdoti elvetici, interrogati prima dai giornalisti e poi dai magistrati per verificare la veridicità della denuncia – la dice lunga su cosa sia rimasto di tanta conclamata eleganza. C'era una volta una regina. C'era una volta la regalità. Adesso restano solo sospetti e veleni.

E così anche il ricordo di Marella viene passato attraverso i bagni di fango dell'ultima stagione. La sua figura viene rivista e ri-raccontata con gli occhi nuovi dello scandalo. E ne salta fuori un ritratto assai diverso da quell'eterea Venere di Botticelli, quel cigno dalle ali bianche, simbolo del Rinascimento italiano, con cui sono state riempite le paginate dei giornali soltanto pochi anni fa. È, piuttosto, il ritratto di una donna che viene tradita per tutta la vita («Non occorre essere fedeli per essere buoni mariti» teorizzava l'Avvocato) e dopo la sua morte sembra quasi volersi vendicare sulla famiglia per le umiliazioni subite. Una donna che, finché è vivo il marito, salva la facciata, poi lascia che la facciata vada in frantumi. E pazienza se qualcuno si fa male. Una donna che sa essere anche molto dura. Molto cinica.

Emanuele Gamna nel suo libro racconta di un incontro clandestino alle otto di mattina all'Hotel de Milan, a Milano. Siamo agli inizi dello scontro per l'eredità. Marella vuole che la figlia Margherita rinunci a «chiedere ulteriori lumi sulle ricchezze accumulate dal grande vecchio». Non si devono fare domande, insomma. E aggiunge che, se Margherita e il suo avvocato Gamna insistono a tirare in ballo i fondi off shore ancora sconosciuti, «nulla rimarrà del lascito che ho disposto a favore di Filippo». Mentre pronuncia quelle parole mostra un foglio su cui c'è scritta la cifra del lascito: 20 milioni di euro. Si dà il caso che Filippo Caracciolo, giovane nipote di Marella gravemente malato di cancro (morirà qualche anno dopo lasciando moglie e due figli), sia anche un familiare acquisito dell'avvocato Gamna. Il quale, ovviamente, nel libro definisce questa proposta per quello che è: una «minacciata ritorsione». O, se volete, un vergognoso ricatto. E dove sono finiti allora l'eleganza, la regalità e lo stile? Donna Marella sarà pure stata capace di agghindare stanze e giardini, avrà pure imparato a sistemare gli arredi secondo gli insegnamenti delle nobildonne di corte, ma come giudicare una persona che non esita a ballare sul corpo di un giovane parente malato di cancro per ottenere qualche soldo in più? Come si può definire «principessa regale» chi si comporta così?

Il tracollo di casa Agnelli non travolge solo il presente della dinastia. Travolge il suo futuro. E anche il suo passato. Nemmeno la memoria può essere la stessa. Solo oggi, per esempio, si viene a sapere che gli ultimi anni di Marella, nonostante i 600.000 euro al mese, il patrimonio sconfinato, le ville e i lussi, sono stati uno strazio: lei sempre più malata, piegata dal Parkinson, tirata un po' di qua e un po' di là, con la figlia Margherita che le fa la guerra e il nipote Jaki che la usa, isolandola da tutti e impedendole di ricevere telefonate senza il suo permesso. Racconta Gigi Moncalvo nel libro *Agnelli coltelli* che nell'ottobre 2017, sedici mesi prima della morte, l'ormai novantenne Marella provò a riappacificarsi con la figlia Margherita, mandandole un regalo per il suo sessantaduesimo compleanno, cosa che non faceva da una vita. Fece confezionare un pacco con dentro una borsetta di Loro Piana, molto raffinata, e un disegno, fatto da lei, con mano tremante. Il disegno raffigurava un cuore rosso spezzato. La figlia respinse il pacco senza aprirlo. Quel disegno di sua madre non lo vide mai.

Ricchi di soldi, poveri di valori: madre e figli in guerra fra di loro

Anche Margherita e i suoi figli hanno cercato di riappacificarsi. Siamo nel febbraio 2019, proprio dopo i funerali di Marella. La guerra ormai è in corso da sedici anni. Le fazioni familiari sono schierate, l'una contro l'altra armata: da una parte ci sono mamma Margherita con il suo secondo marito Serge de Pahlen e quattro dei loro figli (la quinta ha una storia a parte, che racconteremo dopo). Dall'altra ci sono i tre figli Elkann, quelli di primo letto, cioè Jaki, l'erede designato e capo dell'impero, con al fianco Lapo e Ginevra. È uno scontro senza quartiere e anche senza rispetto. Jaki non invita la mamma al battesimo dei suoi bimbi. Lapo dice: «Nella mia vita non c'è posto per lei». In un'intervista a «Vanity» la descrive così: «Doveva essere madre di sé stessa prima ancora che dei suoi figli». Margherita prova a parlargli, gli manda un messaggio, e Lapo non la degna di una risposta. Solo la replica in automatico: «*Good luck, wish you all the best*» (buona fortuna, e tanti auguri). Alla festa di fidanzamento di Ginevra, nel marzo 2009 a Palazzo Borghese, Jaki e Lapo «con sgradevole ostentazione», come riporta Moncalvo, non rivolgono la parola alla loro madre. Lei porge la mano e Jaki non gliela stringe. La mano rimane sospesa nel vuoto. Questo è il clima.

In quel febbraio 2019, però, dopo i funerali di nonna Marella, i capi delle due fazioni familiari in lotta, cioè mamma Margherita e suo figlio Jaki, provano a superare la montagna di incomprensioni. Cercano di arginare il fiume d'odio che ormai li separa. «Facciamo una passeggiata e ne parliamo» si dicono. Così viene formata una chat con gli altri figli per cercare di coinvolgere tutti. Parte allora, come racconta Moncalvo, un giro vorticoso di messaggi a volte entusiasti («invio amore e luce»), a volte piccati, a volte eccessivamente poetici («gli uccelli di primavera sono pronti a cantare»), mentre si cerca affannosamente di trovare la data giusta per vedersi, fra viaggi intercontinentali, soggiorni a Hong Kong, accordi, disaccordi, liti e cuoricini assortiti. Alla fine salta fuori il giorno perfetto: il 17 giugno. Ottimo. Tutti d'accordo. Pranzo e passeggiata o passeggiata e cena? Prima, però, Jaki chiede di «definire l'agenda». L'agenda? Di una passeggiata? Con i figli? Margherita si irrita e fa saltare l'incontro. E Jaki di rincalzo: allora facciamo che si vedono i legali?

«Margherita e Jaki, a questo punto, se si incontrano si fanno del male fisico» dice chi li conosce bene. Del resto, se non si riesce a organizzare una passeggiata, se per una colazione al lago è necessario scomodare le «agende» e gli uffici legali, è chiaro che i tentativi di pace sono destinati a fallire. Per questo si è arrivati alle reciproche denunce, ai colpi bassi, ai maltrattamenti e all'evasione fiscale rinfacciati sulla pubblica piazza. L'unico posto in cui la famiglia riesce a ritrovarsi è davanti al giudice. Venerdì 29 novembre 2024, ore nove del mattino. Al tribunale civile di Ginevra arriva prima mamma Margherita: scende da una Bmw, quasi a mo' di sfregio, avvolta in un cappotto di cachemire color cammello. Poi arrivano i suoi primi tre figli: Jaki, col piumino blu, Ginevra col cappotto grigio, e Lapo che sfida il freddo dell'inverno svizzero con una semplice giacchetta. L'udienza dura tre ore. A porte chiuse. Escono tutti con i volti cupi. Era dal 2005, dai giorni dell'overdose di Lapo, che non si incontravano. Non si scambiano un sorriso. Un saluto. Dopo vent'anni, resta solo il gelo. E quel gelo non è dovuto all'inverno svizzero.

Ma di chi è la colpa se si è creata questa situazione? Per i tifosi di Margherita, ovviamente, è colpa di Jaki, perché lei è una mamma tradita, una semplice casalinga truffata dal figlio crudele con la complicità di qualche vecchio marpione di palazzo. Per i tifosi di Jaki, invece, ovviamente è colpa di Margherita, perché lui è un ragazzo con la testa a posto, giovane perbene, nipote prediletto e perfetto, che deve difendersi dalla persecuzione di una madre un po' pazza. Da anni ormai il racconto si è sclerotizzato nelle due curve ultras. Ma la verità è che, in questa vicenda, hanno torto tutti. Non ci sono più Agnelli né agnellini: solo lupi voraci. Non ci sono aggressori e aggrediti: solo lo scontro tra ricchi viziati ed egoisti. Per quante differenze i rispettivi supporter mettano in evidenza, infatti, Margherita e Jaki sono molto più simili di quello che vogliono far credere. Entrambi avidi. Entrambi invidiosi. Entrambi pieni di denaro. Ed entrambi privi di valori.

Avida e vorace: ecco chi è davvero Margherita Agnelli

Una casalinga sprovveduta? Una mamma tradita dai suoi figli? Una pia donna ingenua? Un'artista lontana dal dio quattrino? La narrazione pro-Margherita, sostenuta dai migliori uffici stampa d'Italia, ha fatto sapientemente passare questa immagine. Ma, in realtà, la figlia di Gianni Agnelli e di Donna Marella è tutt'altro: è una persona che s'interessa alle attività finanziarie e vi partecipa in modo diretto, come racconta il suo ex amico e avvocato Emanuele Gamna. Se ne occupa in prima persona, con dimestichezza. I numeri le piacciono e incamera «proiezioni, risultati e rendiconti con inattesa lucidità». Ama presentarsi come artista o come casalinga ignorante, ma sa amministrare razionalmente montagne di soldi. Si contorna di turiboli, incensi e immagini sacre, ma ciò che l'attrae davvero è il dio denaro. Nel suo libro Gamna usa, per descriverla, una serie di aggettivi abbastanza espliciti. La definisce fra l'altro «opportunista, rapace, avida, egocentrica, vendicativa, prevaricatrice e vorace». E abbiamo il fondato sospetto che pensi anche di peggio.

Da ragazzina Margherita ne combinava di tutti i colori. Si narra che dovesse andare in sposa a uno dei principi di Torlonia, il quale però, dopo averla conosciuta bene, preferì darsela a gambe. Lei è passionale, impulsiva, inaffidabile. Da giovane sfidava costantemente il padre. Una volta si presentò davanti a lui completamente rasata a zero. «Ma che hai fatto?» avrebbe detto l'Avvocato. «Almeno ti sei accorto di me» avrebbe risposto lei. (Ma sull'episodio ci sono versioni contrastanti.) Spiazzante ed esuberante lo è sempre stata, anche nei rapporti con l'altro sesso. L'avvocato Gamna nel suo libro racconta una giovinezza di «amorazzi con ragazzi dediti all'ippica». Poi rivela di aver ricevuto anche lui una profferta mentre era il suo avvocato: eppure a quel tempo erano entrambi avanti con gli anni, e sposati. Nel 1975 Margherita convola a nozze con Alain Elkann: il matrimonio viene combinato proprio per cercare di stabilizzarla, per portarla «in un alveo tranquillizzante lastricato di pannolini, pappe e disordine domestico». Ma dura poco. La figlia dell'Avvocato mette al mondo tre bimbi (Jaki, Lapo e Ginevra), poi ricomincia la sua vita di amori e fughe, anche con personaggi famosi, fino al matrimonio con il russo Serge de Pahlen dal quale avrà altri cinque figli. Una figura, quella di Serge, che influirà profondamente sulle scelte di Margherita e sulla guerra di casa Agnelli.

Chi la conosce bene descrive Margherita come una persona soggetta a frequenti sbalzi d'umore e a passioni violente. È sempre stata molto disinvolta, cambia tutto facilmente. Anche la religione. Ha seguito il cattolicesimo, poi l'ebraismo e quindi la chiesa ortodossa, appassionandosi sempre all'esteriorità dei riti. Gamna definisce il rapporto di Margherita con la religione come «puramente estetico», parla di una «nozione di Dio influenzata da una scaramantica semplificazione del catechismo da oratorio». Sarebbe lei, per altro, la responsabile di quella che viene definita l'«agiografia mortuaria» dell'Avvocato, con le visite di religiosi al capezzale del padre agonizzante, conseguente inevitabile conversione e riavvicinamento a Dio in punto di morte. Suni Agnelli l'ha accusata di aver imposto a Gianni una «redenzione a buon mercato».

La versione di comodo diffusa dai ben retribuiti uffici stampa fa passare Margherita per una donna incapace di gestire questioni complesse. E, soprattutto, di capire quel che c'è scritto nei documenti. Vogliono far credere che le sfugga il significato di alcune parole non proprio difficili, come «tombale». La descrivono come vittima di pressioni psicologiche. Dicono che sia stata «convinta» e «indotta» ad accettare il famoso accordo del 2004, quello che lei ha definito un «sacrificio». Peccato che quel sacrificio le abbia portato in tasca 1,3 miliardi di euro. Proprio così: un «sacrificio» da un miliardo e 300 milioni di euro. Fra l'altro ha avuto la piena proprietà della villa in Corsica (6 milioni) e di Villa Sole (3 milioni), con i rispettivi arredi (17 milioni), oltre alla nuda proprietà di Villa Frescot (7 milioni), di Villar Perosa (10 milioni) e di Roma (14 milioni), con i rispettivi arredi (67 milioni), e il 96 per cento del totale delle opere d'arte per un valore allora stimato in 113 milioni (ma che oggi supera il miliardo di euro). Oltre a questo, ha avuto anche il 50 per cento dello yacht Stealth, la nuda proprietà dello yacht F100, più azioni, fondi, varie ed eventuali per un totale per l'appunto calcolato in 1,3 miliardi di euro. Non proprio briciole, insomma. A Margherita forse sfuggirà il significato della parola «tombale», ma non certo quello della parola «denaro».

Così salta l'accordo (spiegato in modo che lo capiscano tutti)

Ma perché fu firmato quell'accordo nel 2004? E perché poi è saltato, aprendo uno scontro che dura da vent'anni? Su questa ingarbugliata vicenda sono stati scritti tomi giudiziari e montagne di articoli. Spesso si è fatta anche confusione, qualche volta pure volutamente. Ora proviamo a raccontare quello che è successo in modo semplice, così che possa essere chiaro a tutti.

Nel febbraio 2003, dopo i funerali del padre, Margherita si era trovata in quella che lei definì una «trappola per topi». Grazie alla regia dei mandarini della Real Casa, Gianluigi Gabetti e Franzo Grande Stevens, infatti, la maggioranza delle azioni della Dicembre, la società semplice che controlla l'impero, era finita non a lei ma a suo figlio Jaki, il nipote adorato dell'Avvocato. Jaki già nel 1996 aveva ricevuto il 25 per cento delle azioni in donazione dal nonno, anche se non in forma del tutto ineccepibile. Il restante 75 per cento, alla morte dell'Avvocato, era stato diviso tra i due eredi legittimi, la moglie Marella e la figlia Margherita. Marella, a sua volta, aveva ceduto la sua parte ai tre nipoti, Jaki e i suoi fratelli. Margherita, così, si era ritrovata con una quota di minoranza che, in una forma societaria come quella della Dicembre, vale molto (sulla carta) ma non conta nulla (in termini di potere). Chi ce l'ha, insomma, non può decidere niente. Per questo, un mese dopo i funerali, durante una tumultuosa riunione nello studio del notaio Morone, Margherita aveva deciso di non firmare gli atti della successione, usando come pretesto la mancanza di informazioni sul reale patrimonio lasciato in eredità dall'Avvocato. Gabetti si era infuriato. «Non sei degna di tuo padre» le aveva urlato in faccia. E se n'era andato, seguito da Jaki. La guerra degli Agnelli è cominciata così.

Un anno dopo, però, la guerra sembra già finita, senza clamori e senza pubblicità. Senza ripicche e senza soverchi danni. È il febbraio 2004, e arriva la pace. Donna Marella e Margherita siglano il documento in gran segreto, e in luoghi diversi, per evitare un incontro che risulterebbe sgradevole a entrambe. Però, dopo dodici mesi di estenuanti trattative, sembrano tutte e due soddisfatte.

- Margherita ottiene l'80 per cento del patrimonio in quel momento conosciuto, compresi i circa 600 milioni dei fondi off shore noti già allora. In totale si mette in tasca, per l'appunto, 1,3 miliardi di euro. In cambio cede le sue quote della Dicembre e rinuncia a indagare sugli altri patrimoni nascosti del padre (anche se ci tiene a mettere a verbale che «*à mes yeux certains chiffres ne sont pas conformes à la realité*», ai miei occhi certe cifre non sono reali).
- Marella è libera di lasciare a Jaki il controllo dell'impero ed evita di ricevere domande indiscrete sul resto del patrimonio del defunto marito, che ora sappiamo essere molto più consistente di quello noto allora. In più chiede un vitalizio di 7 milioni di euro l'anno, 600.000 euro al mese, perché dice che avendo rinunciato all'80 per cento dell'eredità di famiglia non saprebbe altrimenti come mantenersi. Non è uno scherzo. È la motivazione che viene messa agli atti dagli avvocati.

Margherita, pur di incassare il grosso del bottino (si tratta pur sempre di 1,3 miliardi di euro), accetta tutto, anche di pagare il vitalizio. Si stabilisce che alcuni quadri di Margherita restino in pegno a Marella: se salterà una rata, lei se li prenderà.

L'accordo, ovviamente, rimane segreto. Nessuno sa nulla. Nessuno parla. E sembra che tutti siano soddisfatti. Pochi mesi dopo la firma di quell'accordo, il 4 settembre 2004, sull'Isola Bella del Lago Maggiore si celebrano le nozze tra Jaki e Lavinia. Centoventi camerieri, venti sommelier, gelsomini del Madagascar ad addobbare la chiesa, musiche di Bach per flauti e clavicembali, tanti potenti a far da corte, menu impegnativo fra agnolotti con fonduta di tartufi, sella di vitello e lombo d'agnello in crosta, e come torta nuziale un enorme plastico di crema e glassa che riproduce il Lingotto, piccolo monumento dolciario al kitsch. Mamma Margherita è presente, vestita di arancione. Ci sono le foto che la ritraggono sorridente con il figlio. Quella mattina le veline di palazzo si affrettano a spazzare via i pochi pettegolezzi che erano circolati sull'eredità. Si diffondono comunicati in cui si parla di «rapporti di affetto saldi e immutati» e di un'intesa sulla base di «soluzioni eque nell'interesse di tutti». Ai giornali inginocchiati di fronte alla sacra famiglia non pare vero di strillare a grandi titoli che quelle che si sono celebrate sono «le nozze della pace».

Ma nel 2007, cioè solo tre anni dopo, quelle «nozze della pace» sono già diventate una guerra senza quartiere. Tutto lo sfarzo matrimoniale viene sepolto sotto chili di melma. Dai rapporti di affetto «saldi e immutati» si arriva alle ripicche, che porteranno alle denunce per maltrattamenti. E ai matricidi per via fiscale. L'acre odore dello scontro travolge tutto, anche i profumi del giorno di festa, gelsomini del Madagascar compresi. Travolge anche la memoria. Margherita, che nelle foto di quel giorno sull'Isola Bella appare sorridente e felice, racconterà invece di essersi sentita trascurata, emarginata, quasi un'appestata. Accuserà Jaki per il trattamento ricevuto. Addirittura dirà che non era stata nemmeno informata delle nozze. Che l'aveva saputo per caso. Come mai questo ribaltamento che rovina anche i ricordi dei giorni più belli? Che cosa è successo fra il 2004 e il 2007? Che cosa è cambiato? Perché si passa dall'intesa silenziosa alla guerra più rumorosa? Dalla spartizione sotterranea alla plateale contesa? Perché si butta tutto in piazza e in tribunale, gettando fango su cent'anni di storia del casato?

Ad aprire le ostilità è Margherita. Lei dice che lo ha fatto perché da quell'accordo non è arrivata la pace che si aspettava. In effetti, quando accetta l'accordo del 2004, Margherita aggiunge un'altra frase di suo pugno, oltre a quella sulle «cifre non conformi alla realtà». Dice che firma solo per «*gain de paix*», per spirito di conciliazione. E sostiene che, invece, dopo l'accordo, contrariamente alle sue attese, quella conciliazione familiare non è arrivata. Anzi «il buon rapporto con i miei figli è scomparso» e loro sono rimasti «prigionieri di un mondo viscido e opaco». Queste frasi Margherita le scrive nella prefazione al libro del suo consulente finanziario, Marc Hurner. A curarlo, nel 2008, la casa editrice del marito di Margherita, Serge, che però non l'ha mai diffuso. Del volume, secondo Moncalvo, esistono in circolazione meno di dieci copie. Nella prefazione Margherita definisce l'accordo del 2004 un affare condotto con «malafede, violenza morale e psicologica» e «disonestà innata».

Ma è davvero così? Davvero quell'accordo è frutto di malafede e violenza? Davvero la denuncia di Margherita nasce solo dal desiderio di pace? E davvero per desiderio di pace si può scatenare una guerra senza limiti contro la propria mamma e contro i propri figli? Sapendo, per altro, che si sarà ricambiati con la stessa moneta? La verità è un'altra. La verità è che nel 2004, al momento dell'accordo, l'impero Agnelli vacillava. E molti pensavano a un crollo definitivo. Forse in passato Margherita aveva anche accarezzato l'idea di poter essere lei alla guida, magari attraverso il marito Serge. Ma in quel momento ne è spaventata. Per questo preferisce uscire dalla società in cambio di un bel gruzzolo (ricordiamolo: 1,3 miliardi di euro). Preferisce i soldi, tanti, tantissimi, maledetti e subito, alla responsabilità di un carrozzone che sta danzando sull'orlo del baratro. C'è una prova di tutto ciò. L'avvocato Gamna aveva infatti scoperto che la donazione di azioni della Dicembre fatta dall'Avvocato a Jaki nel 1996 poteva essere contestata. In base ai pareri legali raccolti, non c'era dubbio: se Margherita avesse denunciato quella donazione, Jaki avrebbe perso il controllo della cassaforte di famiglia e sarebbe toccato a lei prendere le redini dell'impero. Ci pensò. Ma non lo fece. «Non posso fare una cosa del genere a mio figlio» disse all'avvocato. «E poi siamo convinti che la Fiat sia destinata al fallimento.» Preferì usare quella carta come arma di trattativa per avere più soldi. Cosa che, in effetti, le riuscì benissimo.

Però le previsioni di Margherita si sono rivelate sbagliate. E, già tre anni dopo, quello che si apre davanti agli occhi degli eredi dell'Avvocato è uno scenario del tutto diverso. Nel 2007 infatti la Fiat non è affatto fallita, anzi si è ripresa, grazie alla cura Marchionne. L'impero continua a perdere operai e produzioni, ma non è andato gambe all'aria. Al contrario, macina utili. E intanto cresce il sospetto che quei 600 milioni di euro nel trust del Liechtenstein, svelati dal consulente Maron ed entrati nell'accordo del 2004, siano solo una parte dei patrimoni all'estero dell'Avvocato. Probabilmente una piccola parte. Ed è per questo che Margherita comincia a contestare ciò che tre anni prima le sembrava ottimo. Andrà avanti fino a oggi, cambiando nel frattempo avvocati, cambiando tribunali, cambiando strategie, rompendo di fatto con tutta la famiglia e ricevendo dalla famiglia, per contro, offese e umiliazioni di ogni tipo. Su molti punti avrà sicuramente ragione, Margherita, ma non certo sui motivi che l'hanno spinta a quella decisione: ciò di cui sentiva la mancanza non era la pace, ma i quattrini (pur avendo avuto in eredità un miliardo e 300 milioni, pur avendo un patrimonio che oggi vale non meno di 3 miliardi...). Non era un problema di valori umani, ma di valori monetari. Ancora una volta c'è un'unica cosa che conta in tutta questa vicenda. L'unica cosa che muove tutti. L'avidità.

Avido e vorace: ecco chi è davvero Jaki Elkann

8 maggio 2017. L'ex presidente Usa Barack Obama è in visita a Milano. A sorpresa viene organizzata una cena di

gala nella sede dell'Ispi, l'Istituto per gli studi di politica internazionale. Orario di inizio «nordico» (18.15), dress code informale, gli ospiti vengono invitati a presentarsi senza cravatta. A fare da scenografia c'è lo splendido Palazzo Clerici, con la Galleria degli Arazzi affrescata da Tiepolo. A tavola un ricco menu curato dal ristorante stellato Da Vittorio di Brusaporto: dai lecca lecca col parmigiano alla «lasagna croccante», dal carpaccio di branzino al crostino di Altamura con burro alle erbe. A fianco di Obama, insieme al gotha dell'imprenditoria italiana, siede John Elkann. Non c'è invece Sergio Marchionne che, recitano le cronache, «ha dato forfait all'ultimo minuto». Che cosa è successo? Semplice: Marchionne era invitato, John Elkann no. Ma quest'ultimo, sobillato dalla moglie Lavinia, si è impuntato. Ha fatto i capricci. A cena con l'ex presidente Usa vuole andarci lui. Non può accettare di essere oscurato da un manager. Nemmeno se è il manager che ha salvato la sua azienda. Così ha chiamato gli organizzatori e ha preteso di prendere il suo posto. A Marchionne non è restato che fare, dignitosamente, un passo indietro.

Ecco chi è Jaki: egocentrico, invidioso, spietato. Le agiografie lo descrivono come il volto migliore della famiglia Agnelli, l'erede perfetto. Ma del nonno Avvocato non ha né lo charme né il carisma. «È diligente, volenteroso» dice chi lo conosce bene. «Ma con le sue forze sarebbe diventato al massimo un oscuro funzionario della Goldman Sachs.» Invece lui è il nuovo Re Sole, il capo dell'impero. Ancora giovane, ha già dedicato buona parte della sua vita all'unica cosa che gli interessa davvero: avere più soldi e più visibilità. Essere ricco e apparire tale. Non ama chi gli fa ombra, non si è mai fermato davanti a nulla, neppure davanti a Montezemolo o a Marchionne, o agli altri manager che ha liquidato senza pietà, come liquida gli operai. Senza un filo di gratitudine. Non si è fermato neppure davanti al suo patrigno, Serge, secondo marito di mamma Margherita, che pure è l'uomo con cui è cresciuto, con cui ha condiviso la sua vita dai cinque ai diciotto anni. Infatti lo ha licenziato senza batter ciglio. Con una lettera formale su carta intestata Fiat Group. Con linguaggio burocratico. Annunciandogli verifiche sulle note spese. E dandogli del lei.

Nato a New York, cresciuto fra Brasile, Gran Bretagna, Svizzera e Parigi, Jaki è arrivato nel nostro Paese solo a diciotto anni, quando si è iscritto al Politecnico di Torino, corso di ingegneria gestionale. Parla la nostra lingua, ma non la considera sua. Decide per gli italiani, ma non si ritiene uno di noi. Nelle interviste si proclama affezionato al Piemonte («un territorio a cui ci sentiamo legati e sul quale continuiamo a rafforzare il nostro impegno sociale»), ma non ha mai fatto nulla per difenderlo e farlo crescere. Anzi: ha eliminato il marchio Fiat (che portava dentro di sé il nome di Torino), ha spostato l'azienda in Olanda e l'ha venduta ai francesi. Il senatore Giovanni e l'avvocato Gianni erano radicati in Piemonte. Lui no. Il senatore Giovanni e l'avvocato Gianni hanno lavorato per accrescere o mantenere la produzione industriale nel nostro Paese. Lui no. A lui l'Italia interessa poco. E l'industria ancor meno. A lui tutt'al più interessa la fabbrica delle malattie, il nuovo business mondiale, non a caso compra cliniche private e quote di grandi società del settore medicale. Soprattutto gli interessano gli utili che entrano nelle sue tasche, e quelli che può distribuire alla famiglia per poter continuare a farsi accettare come capo. «Da noi deve comandare uno alla volta, e chi comanda deve avere la maggior parte delle azioni» teorizzava il nonno. Così lui è diventato l'erede, anche se in realtà erede non è mai stato nominato. Nessun testamento, infatti, lo designa tale. Ha avuto le azioni, ha avuto il potere, ha avuto la benedizione. Non ha avuto quell'incoronazione ufficiale che avrebbe (forse) evitato molti guai, se solo il nonno avesse avuto il coraggio di farla.

Secondo Gigi Moncalvo, Jaki soffre per il fatto di non chiamarsi Agnelli. Da qui l'invidia, di cui parleremo tra poco, per il cugino Andrea, figlio di Umberto, l'unico erede della Real Casa a potersi fregiare del cognome illustre. Più volte, finché il nonno Avvocato era in vita, si è parlato di una possibile adozione di Jaki, che così avrebbe ricevuto anche l'ambito cognome. Ma alla fine l'adozione non c'è mai stata. Sarebbe stata proprio mamma Margherita a farla saltare. Il conflitto fra madre e figlio, infatti, ha radici lontane. Poi, anno dopo anno, è cresciuto, fino a esplodere e a travolgere tutto, senza fermarsi neppure di fronte a quelli che dovrebbero essere gli affetti più profondi: un'anziana malata di Parkinson (Donna Marella), il matrimonio, il battesimo dei figli, le feste di famiglia. Mamma e figlio sono arrivati ad accusarsi l'un l'altra di svariati reati. Tutto spiattellato senza ritegno.

Anni di sabaudo decoro bruciati sull'altare del dio denaro.

Racconta Gigi Moncalvo che nel 2016, in occasione del quarantesimo compleanno di Jaki, mamma Margherita aveva deciso, dopo anni di assenza, di fargli un regalo. Un tentativo di riappacificazione, come l'annunciata e mai realizzata passeggiata al lago. Si procurò un Officier, un prezioso orologio da tavolo, di quelli che gli ufficiali di cavalleria nell'Ottocento portavano nelle campagne militari. Una bella idea, no? Poi però, all'ultimo, mamma Margherita decise di regalare l'orologio non a Jaki, ma al figlio Pietro, uno dei De Pahlen. «Ma è Jaki che compie quarant'anni, non Pietro» obiettò Moncalvo. «Sì, ma Pietro se lo merita di più» rispose Margherita. L'avvocato Gamna scrive che Jaki e Margherita sono riusciti a litigare persino per un concorso ippico in Val Chisone, da sempre finanziato dalla famiglia. Alla faccia dei «legami con il territorio»: stanno seduti sui miliardi, ma si rinfacciano sui giornali locali pure le poche migliaia di euro necessarie per sostenere una manifestazione a Pinerolo. Così va oggi il mondo in quella che una volta era la Real Casa: cavalli, Agnelli e figure da asini.

«Aveva escogitato il vademecum della frode»

Se poi un capofamiglia si valuta anche da come mantiene l'armonia della famiglia, be', il fallimento di Jaki è evidente. Ha salvato la cassaforte, ma ha mandato al macero, insieme a fabbriche e dipendenti, anche l'immagine della dinastia. La sua immagine no. Quella cerca di salvarla in ogni modo, anche comprando i quotidiani di sinistra, come «Repubblica», prima di cominciare la stagione della deindustrializzazione italiana. Obiettivo chiaro: evitare critiche e accuse, e fare tacere i sindacati. Nel frattempo Jaki fa il protagonista nei rotocalchi vip, esibendo mise fluide, molto di tendenza: maglioncino a fiori fluo e scarpe rosa shocking (collezione 2022) oppure maglia maculata di Celine, scarpe color crema e grandi occhiali a visiera neri (collezione 2024). Ama anche farsi fotografare d'inverno a Saint Moritz, nell'esclusivo Corviglia Ski Club, con una vistosa tuta gialla da ape operaia e d'estate in Versilia mentre arriva con l'elicottero (*richesse oblige*) per andare al concerto di Andrea Bocelli. Poi, sceso dalla passerella glamour, indossa i panni di cenerentolo, per rilasciare interviste strappalacrime sulle botte ricevute da mammà. Prova a impietosire, ma è un tentativo vano. Per riuscirci, come ha scritto Ettore Boffano sul «Fatto Quotidiano», dovrebbe prima rispondere per lo meno a un paio di domande essenziali: «Sapeva John Elkann che i suoi nonni aprivano e gestivano decine di società off shore in paradisi fiscali? E lui e i suoi fratelli, a loro volta, li hanno chiusi o hanno continuato a utilizzarli?».

La procura di Torino indaga Jaki anche per truffa ai danni dello Stato. E solleva un sospetto. La struttura della Dicembre, la società che controlla l'impero, infatti, è stata modificata nel 2004, quando Marella ha consegnato il suo pacchetto di azioni al primo dei nipoti e ai suoi fratelli Lapo e Ginevra: perché allora le modifiche sono state comunicate al registro delle imprese solo il 30 giugno 2021? Che cosa si voleva nascondere? Sono sorti inoltre molti dubbi sulle modalità di quel passaggio di azioni fra Donna Marella e i suoi nipoti: fu davvero una compravendita, come dichiarato? E, se sì, perché allora non esistono contropartite in denaro? E la fiduciaria che operò poteva farlo? E la firma di Donna Marella è reale o è stata falsificata? Per indagare su tutto ciò, nel novembre 2024 sono stati perquisiti anche alcuni studi legali, come quelli dell'avvocato Franzo Stevens, da sempre santuari intoccabili della Real Casa.

Ma Jaki è accusato soprattutto di essere il regista della maxievasione fiscale sull'eredità di Marella: infatti, oltre alle azioni della cassaforte dell'impero, oltre ai soldi provenienti dai trust delle Bahamas (si parla di 718 milioni di euro) e alle case con relativi arredi, i tre fratelli hanno incamerato 170 milioni di preziosi, quadri e gioielli. Jaki avrebbe ottenuto beni per 29 milioni di euro, suo fratello Lapo per 28 milioni e sua sorella Ginevra per 111 milioni. Tutti però sono stati fatti passare – qui sta l'inghippo – non come eredità, ma come regali di Natale o di battesimo o di compleanno ricevuti quando la nonna era ancora viva. Un sistema per aggirare il fisco, con cui i tre fratelli si sarebbero spartiti, fra l'altro, un quadro di Andy Warhol del valore di 10 milioni di euro, un Monet da 17,5 milioni, un anello Bulgari da 2,5 milioni, tre quadri di Francis Bacon da 12 milioni, un ciondolo di diamanti da 5 milioni e pezzi di valore inestimabile, come i già citati orecchini da 78 milioni. Secondo quanto raccolto dai magistrati, era Jaki che dava disposizioni su come aggirare le norme. Avrebbe addirittura fatto scrivere delle lettere postume della defunta nonna per accompagnare i presunti regali («Caro Jaki, vorrei che questi quadri possano essere appesi nella tua bella casa di Milano. Ti voglio bene», «Caro Jaki, spero tu sia felice nel ricevere queste opere quanto io lo sono nel dartele. Con affetto»). Tutto falso, ovviamente. Come se non bastasse, Jaki spiegava anche come far risultare Donna Marella residente in Svizzera, quando in realtà lei viveva da tutt'altra parte. Diede persino ordine di modificare un libro della nonna, *Ho coltivato il mio giardino*, perché in esso c'erano elementi che svelavano la verità. E la verità, si sa, a casa Agnelli va occultata come un tesoretto alle Bahamas.

Gli inquirenti definiscono quello di Jaki un vero e proprio «vademecum della frode». Non sappiamo se tutto ciò sarà poi considerato un reato nelle stanze della giustizia e in un eventuale processo. Ma basta a noi per considerarlo vergognoso. Possibile che chi eredita cotanta fortuna non abbia il decoro di accontentarsi? Possibile che si faccia prendere la mano dall'avidità? Possibile che cerchi, come scrivono i magistrati, sempre «ulteriore profitto»? Anche a costo, se necessario, di aggirare le leggi? Mai si era vista tanta meschinità ricoperta d'oro. Per altro, se risulterà vero che Marella non era residente in Svizzera ma in Italia, ci sarebbe anche un'altra conseguenza assai rilevante, oltre a quella fiscale: salterebbe tutto l'accordo del 2004. Quest'ultimo, infatti, è stato stipulato in base al diritto elvetico e non sarebbe valido se si dimostrasse che uno dei due contraenti non era cittadino di quel Paese. Dunque, tutta la spartizione dell'eredità tornerebbe in discussione. Compresa la proprietà della Dicembre, e quindi il controllo dell'impero.

Coca, bugie e trans: ma siamo sicuri che Lapo sia una vittima?

«Lapo adora le trans. Era un habitué. Veniva a inizio serata, verso le undici, eravamo sempre in tre. Un elemento così non lo reggi da solo per tante ore. Ci chiedeva di tutto. Per una serata potevamo incassare dai 2 ai 3000 euro a testa.» Chi parla è Donato Broco, in arte Patrizia, trans torinese, che batteva in corso Massimo e accoglieva nella sua casa l'erede Agnelli. Dodici anni dopo ha raccontato in tv ciò che successe quella famosa notte tra il 9 e il 10 ottobre 2005. «Lapo arrivò da me, reduce da un'altra festa. C'erano anche una brasiliana e un travestito. Quella sera, come al solito, presi la sua macchina: lui mi dava il bancomat con il pin, io ritiravo i soldi e andavo a comprare cocaina. Verso la fine Lapo ebbe come un mancamento. Mi disse: "Posso stare a dormire da te?". La mattina mi svegliai presto, lo sentii rantolare. Provai a scuoterlo, ma niente. Quando capii che non avrebbe risposto, chiamai il 118. Poteva passare dal sonno alla morte. La sua famiglia? Non mi ha mai ringraziato per avergli salvato la vita. Mai. Nemmeno un mazzo di fiori.»

Lapo, coca&trans. Questa storia del 2005, il primo scandalo del rampollo Agnelli, ormai è tristemente nota. Meno note però sono le domande, rimaste senza risposta, che si nascondono dietro il racconto di Patrizia. E che ora, dopo tutti i veleni tracimati dalle viscere della Real Casa, assumono un significato particolare: se è vero che il vizio di Lapo era noto, perché nessuno lo ha fermato? Se era un habitué, perché non lo hanno controllato? Perché la scorta non lo ha seguito? Perché non gli hanno impedito di cacciarsi in quel guaio? Perché «La Stampa», il giornale di famiglia, da sempre cauto nel trattare le morbosità dinastiche, in quell'occasione, invece, ha tenuto per due giorni la notizia in prima pagina? Quel clamore ha dato davvero fastidio o ha fatto persino comodo? Qualcuno ha approfittato delle debolezze di Lapo per cercare di allontanarlo dalla stanza dei bottoni? Difficile rispondere. Ma di fatto, dopo quella vicenda, il giovane erede dell'Avvocato, che si stava occupando di marketing alla Fiat con un certo successo e che diceva di amare l'azienda con tutte le sue forze, è stato liquidato. Cacciato. Escluso da ogni incarico. Ha incassato 160 milioni di euro ed è stato fatto fuori. «Io voglio bene a Lapo, ma la sua crescita passa attraverso esperienze esterne alla Fiat» sentenziò qualche mese dopo Marchionne, senza possibilità di replica.

Sia chiaro: nemmeno Lapo è una vittima, anche se molti hanno cercato di dipingerlo così. Anche se si sono sprecati i feuilleton intrisi di poverinismo, i ragionamenti buonisti sulla fragilità del pargoletto e sulla difficoltà di essere Agnelli. Come se nascere ricchi, contornati da agi e denaro, con le migliori scuole a disposizione, ville e vacanze, ogni tipo di possibilità, fosse necessariamente una grande disgrazia, una sventura che porta diritto sui viali di corso Massimo a cercare consolazione con un trans, un travestito e una brasiliana. («Ah, che fortunati, gli operai di Quarto Oggiaro che nascono in una casa popolare e non hanno di che mangiare, così non possono permettersi di spendere 9000 euro a notte per andare a trans»: ma vi pare?) Oltretutto, gli eccessi e le debolezze nel sacro impero sabaudo sono sempre esistiti. Ma una volta, per lo meno, venivano coperti dal riserbo e dal silenzio. Adesso, invece, diventa tutto di dominio pubblico. Quasi sbandierato con voluttà: festini, trans, coca, brasiliane, travestiti, transgender, dipendenze, ricatti e soldi bruciati lungo i viali. E per assurdo ciò ruota soprattutto attorno al nipote che dal nonno dovrebbe aver ereditato lo stile. Ma che, in realtà, sembra aver ereditato solo i vizi.

Lapo, a suo tempo incoronato da «Vogue America» come «meglio vestito al mondo», va in giro per i cinque continenti con un baule pieno degli abiti dell'Avvocato. E dice di indossarli con orgoglio. Ma in verità più che onorarli li trascina, letteralmente, nella polvere. E la cosa drammatica è che tutto, o quasi, si viene a sapere in tempo reale. Orgia dopo orgia, sniffata dopo sniffata, follia dopo follia. Si viene a sapere della trans Patrizia a Torino nel 2005, come abbiamo detto. E poi si viene a sapere della tentata estorsione a Milano del 2014, quando Lapo passa alcune ore in una casa di periferia insieme a due fratelli, trovati per strada, e poi paga 90.000 euro per cancellare i video che lo riprendevano fra droga e autoerotismo. E poi si viene a sapere del finto rapimento di New York del 2016, quando Lapo simula di essere stato sequestrato da un transgender per cercare di convincere la famiglia a sbloccargli altri soldi da spendere nei festini droga&ammucchiate. Si sa un po' meno, per la verità, dell'incidente a Tel Aviv del 2019, che è costato a Lapo sei giorni di coma. Ma si sa tutto dell'indagine della procura di Genova, aperta dopo che, nel settembre 2020, è stato beccato a correre a tutta velocità fra Portofino e Santa Margherita con svariati grammi di cocaina in tasca. Inchiesta archiviata perché la quantità di droga «può essere compatibile con l'uso personale». Che non è un reato, si capisce. Ma non è nemmeno una cosa bella per chi da vent'anni promette di liberarsi dal vizio. Ricadendoci sempre dentro, ogni volta in modo plateale.

Del resto, che Lapo racconti balle è abbastanza evidente. Preso dall'ansia del vittimismo, dopo aver messo in piazza ogni tipo di malattia infantile, dopo aver partecipato a convegni per parlare della sua dislessia, del suo deficit di attenzione, della sua iperattività, dopo essersi dichiarato incompreso, trascurato e addirittura perseguitato dalla madre, non trovando di meglio, per farsi compatire, è arrivato a raccontare in una clamorosa intervista al «Fatto Quotidiano» di aver subito abusi sessuali quando da piccolo studiava in un collegio di gesuiti. Senonché i gesuiti, in genere molto prudenti e diplomatici, hanno subito diffuso un comunicato per smentirlo: Lapo non è mai stato in un nostro collegio. Sulla vicenda, da quel momento, è sceso un imbarazzato e penoso silenzio. Il giovane Agnelli non ne ha più fatto cenno nelle interviste successive, nessuno ne ha parlato più. Però il rampollo d'oro non ha smesso di raccontare balle. Per esempio ha dichiarato che nel marzo 1994 lui era andato al seggio e aveva votato per Berlusconi. Come abbia fatto, difficile da sapere, visto che nel marzo 1994 aveva solo sedici anni.

Il 7 ottobre 2021, nel giorno del suo quarantaquattresimo compleanno, Lapo ha sposato Joana Mascarenhas de Lemos, quattro anni più anziana di lui, ex pilota di auto e di moto, tratti duri, modi decisi. Qualcuno sostiene che si tratta di un amore «materno». Qualcuno nei salotti di Torino sorride dicendo che gli hanno trovato la badante. Al matrimonio celebrato in Portogallo, nella tenuta di Joana, in una delle riserve naturali più belle d'Europa, Lapo aveva un frac Rubinacci foderato da bandierine italiane e i suoi amati Gipsy King. Non aveva la mamma, però. Non è stata invitata. C'erano invece, come testimoni, i suoi fratelli Ginevra e Jaki. Il quale Jaki, pur di continuare a tenere Lapo lontano dalla Fiat, non ha esitato a sovvenzionargli le più strampalate avventure imprenditoriali, a cominciare da Italia Independent. Peccato che quest'ultima, nonostante i contributi di Jaki e i soldi del Vaticano (che ha investito qui una parte delle offerte versate dai fedeli come opera di carità), non sia andata benissimo: ha chiuso, a inizio 2024, lasciando dietro di sé un buco di 40 milioni di euro. Lapo ha evitato il peggio, cioè il fallimento, soltanto perché le banche gli hanno abbuonato l'80 per cento dei debiti. E qualcuno si chiederà come mai le banche, sempre feroci con ogni piccolo imprenditore, inflessibili con i piccoli artigiani, severissime con i panettieri e i salumieri, siano state così generose proprio con Lapo. Difficile rispondere. Ma quel che è certo è che Lapo si sente una vittima.

Gli «eredi di serie B» con paghetta da 15.000 euro al mese

Possibile che una nipote di Gianni Agnelli, discendente diretta della Real Casa, viva in una casetta sgarrupata sulle pendici del Caucaso, con due bimbi piccoli e senza nemmeno i soldi per riparare la caldaia rotta? Possibile che questa nipote abbia perso la patria potestà sui primi due figli perché, secondo un tribunale svizzero, non sarebbe stata in grado di garantire loro una vita dignitosa? Possibile che con lei ci sia un taglialegna selvaggio, che, stando alle denunce presentate alla polizia, non avrebbe esitato a picchiarla? Possibile, eccome. Almeno secondo quanto ha raccontato, carte alla mano, Gigi Moncalvo, prima sulla «Verità», poi nel suo libro *Agnelli coltelli*.

Maria è la quarta figlia di Margherita Agnelli, la prima dei cinque «russi», gli eredi nati dal secondo matrimonio, quello con Serge de Pahlen. Ribelle e anticonformista, ha lasciato la Svizzera a vent'anni per andare a studiare in Russia. E da allora è quella che nei salotti di Torino ormai definiscono «un'anima persa».

Anche Maria e sua mamma, da quasi quindici anni, si parlano solo attraverso i tribunali. La loro è una causa, un'altra, dolorosa, che si aggiunge alla lunga saga giudiziaria della dynasty. Margherita infatti, per tenere con sé i primi due bimbi di Maria, non ha esitato a denunciare la figlia: il giudice le ha dato ragione e così quei bimbi sono rimasti in Svizzera, cresciuti dal nonno e dalla nonna. Da anni non vedono la madre. L'ultima volta che è capitato loro di trovarsela di fronte le hanno dato del lei.

Maria ora vive in Russia con altri due bimbi, nati successivamente non si sa bene da quale padre. Parlando con Gigi Moncalvo, l'«anima persa» ha usato parole di fuoco contro la madre Margherita. Anche lei, come il fratello Jaki, sostiene di essere stata picchiata, di avere avuto i lividi e di essere arrivata all'anoressia proprio a causa di quelle sofferenze. «Mia madre è l'essere più crudele che abbia mai incontrato» denuncia. «Per lei non sono mai esistita. Sono stata cancellata.» Maria si lamenta inoltre perché riceve dalla mamma solo poche migliaia di euro, mentre ai suoi fratelli vanno 15.000 euro al mese. E ditemi voi se non fa effetto che la dinastia dell'eleganza, dello stile, del glamour, tutta cachemire e orologi sopra il polsino, finisca così, con eredi ormai quarantenni che si contendono paghette da 15.000 euro al mese, mentre si rivelano incapaci di costruire una vita dignitosa per sé e per i figli.

I «figli russi» di Margherita sono cinque: l'«anima persa» Maria, che oggi ha quarantun anni, Pietro, che ne ha trentotto, Anna e Sofia, gemelle, che ne hanno trentasei, e Tatiana, l'ultima, che ne ha trentaquattro. Il loro padre, il conte Serge, discendente da una nobile famiglia russa, è stato accusato in un libro pubblicato nel marzo 2020 in Gran Bretagna, e scritto da Catherine Belton, giornalista della Reuters e del «Financial Times», di essere stato nel Kgb. Non ha mai voluto rispondere alle accuse giudicandole «inconsistenti». Sarebbe stato lui a presentare Putin ad Agnelli, portandolo anche a Villar Perosa. Ha incontrato Margherita nel 1982, l'ha sposata nel 1985 a Parigi. Sono andati insieme a Rio de Janeiro, dove Serge ha lavorato con la Fiat do Brasil. Quindi sono rientrati in Europa. Serge ha cominciato a seguire per la Fiat il mercato russo. Fino a quando è stato licenziato da Jaki, come detto, nel 2004. Gamna, nel suo libro, descrive Serge come «sfaccendato e perennemente di cattivo umore, dedito a sparlare della famiglia di sua moglie e avvilito dalle umiliazioni», «afflitto da manie di persecuzione» e impegnato a «soffiare sul fuoco». Dicono che sperasse di diventare l'erede dell'impero, al posto dell'Avvocato. Non c'è riuscito e forse per questo ha accumulato rancore. E ha cominciato a fare la vittima.

Anche i «figli russi», ovviamente, fanno le vittime. Anche loro si sentono defraudati, danneggiati, bistrattati. Si lamentano di essere trattati come «eredi di serie B». Prendono una paghetta da 15.000 euro al mese, per la verità, che non è proprio da serie B. Ma a loro quei soldi evidentemente non bastano, anche perché a quanto pare amano le notti di festa, che trascorrono «offrendo champagne con inusitata quanto inelegante generosità», come racconta nel suo libro l'avvocato Gamna. Ora la più piccola dei cinque, Tatiana, ha sposato il ricco finanziere Charles Lorenceau, mentre Anna, una delle due gemelle, già appassionata di pugilato thailandese e già aspirante cantante blues, si fa notare nel jet set (avrebbe una relazione con il petroliere Ugo Brachetti Peretti). Pietro, l'unico maschio dei cinque, grande appassionato di sport, si è messo a seguire gli investimenti immobiliari in Russia dei genitori, pare senza troppa fortuna. Su di loro continua a incombere un passato di leggerezze, di fughe dai collegi, di pulsioni e vizi, di sofferenze e sbandate, con una madre incapace di educarli, quasi irretita di fronte alla loro esuberanza. Racconta l'avvocato Gamna che un giorno Margherita gli chiese di diventare il tutore della figlia Anna fino a che lei non avesse raggiunto la maggiore età. E lui fu costretto a spiegarle che è piuttosto bizzarro nominare un tutore al posto dei genitori mentre i genitori sono vivi...

No, non ci sono vittime in questa storia. Ci sono solo debolezze. Incapacità. Responsabilità. E c'è una dinastia che si sfascia perché gli eredi non sono all'altezza dei soldi che hanno. I figli nati dal matrimonio di Margherita con Elkann (Jaki, Lapo e Ginevra) e i cinque «russi», nati dal matrimonio con De Pahlen, sono di fatto cresciuti insieme. Quando Margherita conosce Serge, Jaki ha appena sei anni, Lapo cinque, Ginevra tre. Si spostano insieme in Brasile. Tornano insieme in Europa. Vivono nella stessa casa. Condividono lo stesso desco. Accolgono insieme i nuovi nati. Si cullano, si abbracciano, cucinano le torte e giocano sotto lo stesso tetto. Eppure ora ringhiano gli uni contro gli altri. Con ferocia. I quattro russi (cioè tutti, tranne Maria) appoggiano mamma Margherita, Ginevra e Lapo stanno con Jaki. Tre di qua, quattro di là, esposti e denunce in tribunale, tutti in guerra per i miliardi, mentre Maria nella casupola sul Caucaso non ha i soldi per aggiustare la caldaia. Questi sono i nipoti di Gianni Agnelli. Questo è il risultato di cotanto stile. Questo è ciò che ha generato chi, parlando con Enzo Biagi, diceva che la famiglia era la cosa più importante della sua vita.

La rovinosa caduta di Andrea, l'Agnelli sbagliato

Andrea è l'unico erede che si chiama davvero Agnelli. Figlio di Umberto, fratello di Giovannino (morto giovanissimo per un tumore) e di Anna, ha la fortuna di avere il cognome che Jaki ha tanto desiderato e non ha mai avuto. Però non ha il portamento del cugino. Non ha i suoi tratti delicati. Non ha il suo fisico slanciato. Soprattutto non ha il suo potere. Andrea ha sopracciglia robuste, un carattere che tutti definiscono «ruvido», e qualche talento. Ma non ha l'impero. Il cognome è giusto, il resto no. Lo scrittore Michele Masneri, con sottile perfidia, l'ha definito l'«Agnelli sbagliato».

È nato nel 1975, educazione rigida, formazione tra Bocconi e Oxford, nessuna concessione al jet set: né elicotteri né yacht, al massimo qualche Croma di serie. Con Jaki non va molto d'accordo. Il cugino che sta sul trono tiene in considerazione Andrea per un unico motivo: perché, grazie all'eredità di papà Umberto, è uno dei membri della famiglia con più azioni. Per il resto lo snobba. Lo ha sempre snobbato. A parte quando, nel 2010, si è deciso finalmente a nominarlo presidente della Juve. Il posto giusto per l'Agnelli sbagliato. Andrea infatti si è messo subito a lavorare con impegno ottenendo risultati importanti sia sul campo (diciannove trofei, nove scudetti consecutivi) sia fuori (lo Juventus Stadium). La Juve, sotto la sua guida, è uscita dal periodo buio che stava attraversando e ha realizzato uno dei cicli più vincenti della sua storia. La società ha acquistato nuovo smalto. E Andrea anche. Ha acquistato smalto. Molto. Forse troppo.

Erano quarantotto anni che un Agnelli non guidava di persona la società di famiglia. Prima l'avevano fatto nonno Edoardo, zio Gianni e papà Umberto. Infine Andrea. Così l'Agnelli sbagliato è diventato sempre più protagonista. Ha cominciato a sentirsi forte. Capace di tenere testa al cugino.

Gigi Moncalvo racconta di una furibonda lite fra i due scoppiata proprio negli spogliatoi dello Juventus Stadium. È il 7 giugno 2016, c'è la riunione dei soci della holding di famiglia, e tradizione vuole che dopo la distribuzione dei dividendi fra i novanta membri della Real Casa si disputi una partitella di calcio. Si sfidano i diversi rami familiari. Mentre tutti aspettano il fischio d'inizio, però, Jaki e Andrea si appartano in una delle salette interne dell'impianto. La partita può attendere. Le urla le sentono tutti.

Da quel momento gli scontri si sono moltiplicati. Il motivo? Semplice: giorno dopo giorno, settimana dopo settimana, le vittorie in campionato della Juve hanno alimentato l'ambizione di Andrea. Il quale, però, ha commesso alcuni passi falsi. Prima ha deciso, di testa sua, e contro il parere dei manager, di comprare il fuoriclasse Cristiano Ronaldo. Si è trattato dell'acquisto più oneroso nella storia della Juve. E non è stato un grande affare: il campione strapagato, infatti, non solo non ha portato l'agognata vittoria in Champions League, ma ha spaccato lo spogliatoio e, soprattutto, i bilanci della Juve. Non è stato l'unico errore. Il fatto è che Andrea, sentendosi forte, ha cominciato a comportarsi in modo sempre più arrogante. E si è messo a fregare un po' tutti: ha fregato uno dei suoi migliori amici, nonché top manager della squadra bianconera e dunque suo collaboratore, Francesco Calvo, rubandogli la moglie Deniz Akalin (il modo in cui ciò è avvenuto, nonché i tweet di Emma Winter, moglie tradita di Andrea, hanno fatto diventare questa vicenda la barzelletta di Torino). Poi ha fregato anche un altro suo amico carissimo, il presidente Uefa Aleksander Čeferin, padrino di sua figlia, negandogli fino all'ultimo l'esistenza del progetto Superlega. Čeferin ha scoperto il piano messo a punto dall'amico solo quando è stato diffuso il comunicato ufficiale. Poche ore prima Andrea smentiva tutto, parlando con lui al telefono. «Non ho mai visto un tale bugiardo seriale» ha commentato il presidente Uefa. «Sono stato per anni avvocato di criminali di guerra, ma non ho mai visto niente di simile. Mai visto un uomo mentire così.»

Il progetto Superlega, per altro, è quello su cui Andrea Agnelli ha perso definitivamente la faccia e quel poco di credibilità che si era faticosamente guadagnato. Si tratta dell'idea di costruire un campionato privato fra i più importanti venti club europei, un po' come la Nba nel basket americano, escludendo gli altri. Questo progetto, finanziato da Jp Morgan, viene lanciato all'alba del 19 aprile 2021: Andrea sosteneva di avere l'adesione sicura di altri undici importanti club europei. I quali però, appena viste le reazioni negative dei tifosi e del mondo dello sport, si sono dati alla fuga lasciando l'Agnelli sbagliato con il cerino in mano.

Mercoledì 21 aprile su uno dei giornali di famiglia, «Repubblica», è uscita un'intervista ad Andrea. A realizzarla niente meno che il direttore Maurizio Molinari. «Il progetto Superlega andrà avanti al 100 per cento» assicurava il presidente della Juve. Ma quando il giornale è arrivato in edicola, Andrea era stato già costretto ad alzare bandiera bianca. Il progetto, anziché andare avanti al 100 per cento, come prometteva la prima pagina del giornale di quella mattina, si era già fermato. Anzi: era già morto.

E non è finita. Dopo il fallimento della Superlega, per la Juve sono arrivati pure i guai finanziari. Il buco nei conti. Le inchieste della procura. L'accusa di taroccare i bilanci. Le plusvalenze farlocche. Le carte segrete per restituire a Ronaldo i soldi tagliati per il Covid senza che nessuno lo sapesse. La mancata trasparenza. Le mancate informazioni al mercato (gravi per un club quotato). Le penalizzazioni sportive. Così, di colpo, Andrea ha smesso di essere il vincente. Ed è diventato l'inadeguato. L'impresentabile. Uno non all'altezza. A inizio 2023 ha lasciato formalmente la carica di presidente della Juve. Pochi mesi dopo ha lasciato anche il posto nel consiglio di amministrazione in Stellantis (una carica «non esecutiva») e nella finanziaria Exor. Oggi Andrea mantiene, ovviamente, le azioni, ma non ha più ruoli nell'impero di famiglia. Una caduta precipitosa. Rovinosa. E anche qui, come per Lapo, restano i dubbi: questa caduta è frutto solo dei suoi errori? O qualcuno l'ha favorita, se non organizzata? Difficile dirlo. Di certo Jaki non ha pianto per la débâcle di un cugino che, a differenza sua, ha la fortuna di chiamarsi Agnelli.

Non ci sono vittime. A parte gli italiani

Sia chiaro, però: nemmeno Andrea è una vittima. Lo ripetiamo: non ci sono vittime in questo disastro dinastico. Ci sono solo giovani viziati in lotta tra di loro senza esclusione di colpi. Ci sono rampolli cresciuti nella bambagia abituati ad avere tanti soldi senza aver mai fatto la fatica di guadagnarli. Ci sono pargoletti d'oro che pensano che tutto sia dovuto, che le altre persone si possano calpestare, che la felicità sia nei lussi e magari nei vizi. «Se non fossi nato ricco, non lo sarei mai diventato» diceva l'Avvocato a Gianni Minoli. Valeva per lui. Vale ancor di più per i suoi figli e per i suoi nipoti. Che sono nati seduti sui miliardi e senza la forza morale per saperli maneggiare. «La cosa più importante» sosteneva ancora l'Avvocato «è educare i propri figli.» A occhio e croce, però, si direbbe che la «cosa più importante» non gli sia riuscita molto bene. Sicuramente meno bene che amministrare fondi all'estero.

Ma non ci sono alibi. Non ci sono scuse. Non ci sono vittime. Ognuno degli eredi ha le sue responsabilità. Non è vittima Margherita, non è vittima Jaki, non è vittima Lapo. Non è vittima neppure Ginevra, che ha ricevuto dal ministero della Cultura (quando lo guidava Dario Franceschini) 2,8 milioni di euro per due film che non ha visto nessuno (uno ha incassato 117.000 euro, l'altro appena 12.000). Non sono vittime i figli russi, né tanto meno il cugino Andrea. E, forse, non è vittima nemmeno Edoardo, il primo figlio dell'Avvocato, attorno al quale sono stati tratteggiati ad arte i contorni di un santino, dopo che il 15 novembre 2000 si è buttato giù dal ponte di Fossano. Da allora, infatti, è stato tutto un susseguirsi di racconti sul ragazzo fragile, sensibile, amante della religione, dai grandi valori spirituali, il figlio debole che non ce la fa a reggere il confronto con un padre troppo duro. In realtà anche questo santino va in frantumi di fronte alla bufera che travolge la storia e la memoria della famiglia Agnelli. Dalle inchieste e dalle biografie che si succedono una dopo l'altra sull'onda delle polemiche, infatti, viene fuori un ritratto molto diverso di Edoardo. E forse più vicino a quello che è stato davvero: un ragazzo che ha avuto tante occasioni, ma non è stato in grado di sfruttarle. E per questo, forse, si sentiva inadeguato.

Edoardo fugge dal collegio inglese dove era andato a studiare. Fugge da Princeton, dove si era guadagnato il nome di «Crazy Eddy». Fugge da Lehman Brothers, dove di lui si ricordano solo i lunghi pisolini alla scrivania. Fugge dal lavoro, che non gli interessa, e fugge dalla vita spirituale, perché «il monastero non fa per me». Quando, per trovargli un posto nell'impero, gli danno una poltrona nel consiglio di amministrazione della Juventus, lui scende in panchina di fianco all'allenatore Giovanni Trapattoni, creando imbarazzo e scandalo. Alla mostra che inaugura Palazzo Grassi a Venezia, evento prestigioso che attira l'attenzione di tutto il mondo, si presenta ubriaco, dopo aver sfasciato la camera d'albergo. Si converte all'Islam, conosce Khomeini, poi partecipa alla marcia della pace di Assisi e dice che il capitalismo non può durare in eterno. Però, nel frattempo, organizza incontri con Enrico Cuccia. Nel 1988 finisce nelle intercettazioni per un giro di droga a Roma e ammette di far uso di eroina. Due anni dopo viene fermato in Kenya con l'accusa di spacciare droga. Lo scandalo finisce su tutti i giornali e lui ne approfitta per rilasciare interviste. «Non è escluso» dice «che un giorno la Fiat produrrà fiori anziché automobili.»

Basta questo per capire che quella di Edoardo non è la tragedia di una vittima. È la tragedia di un erede che non è all'altezza dell'eredità. Certo: avendo pagato con la vita, meriterebbe, almeno lui, di essere dimenticato. Risparmiato. Invece no. La sua storia apre il già citato volume di Jennifer Clark, *L'ultima dinastia*, uscito nella primavera 2024. E continua a far capolino inevitabilmente in tutti i libri e gli articoli che rimettono sotto i riflettori la saga degli Agnelli. Perché nel gioco al massacro, nel tourbillon delle vergogne che si è scatenato, anche le pagine più dolorose della storia familiare finiscono per essere riscritte. O strappate. Buttate una dopo l'altra in mezzo al fango. L'opera di distruzione che si sta perpetrando non risparmia nulla, travolge tutto, travolge anche i miti costruiti in anni di veline di palazzo, travolge ogni narrazione farlocca che di colpo rivela tutta la sua falsità. Travolge il mito dell'Avvocato e anche quello di suo figlio. E fa emergere le loro responsabilità.

Perché nessuno degli Agnelli è vittima, sia chiaro. Le uniche vittime di questa storia sono gli italiani. È stato calcolato che tra il 1975 e il 2012, mettendo insieme rottamazione, cassa integrazione, prepensionamenti e aiuti vari, i contribuenti hanno versato nelle casse della Fiat 220 miliardi di euro. E dopo non è finita: soltanto nell'era Covid gli Agnelli hanno ricevuto 237 milioni di euro per produrre mascherine, che poi si sono rivelate inutilizzabili, e un prestito di 6,3 miliardi di euro a tasso superagevolato, che loro hanno incassato proprio mentre distribuivano (guarda che coincidenza) 5,5 miliardi agli azionisti. Fra il 2020 e il 2023 la produzione d'auto è crollata, ma i dividendi intascati dai proprietari sono aumentati a dismisura, arrivando a quota 11,5 miliardi di euro. Molti di quei soldi sono finiti proprio in tasca ai rampolli Agnelli, i quali però non si accontentano. Macché. Vogliono di più. Infatti non passa giorno senza che chiedano altri soldi, bussando alle porte dello Stato per avere ancora aiuti, incentivi, favori. Usano sempre il solito bieco ricatto: se non ce li date, chiudiamo le fabbriche.

Le fabbriche, per altro, le chiudono lo stesso. Continuano a chiuderle. Negli anni Settanta il gruppo aveva in Italia oltre 200.000 dipendenti, oggi sono circa 40.000. E non smettono di diminuire. Licenziamenti, tagli, esuberi, esodi più o meno incentivati. Tanta cassa integrazione. Operai lasciati in mezzo alla strada. Il Lingotto è diventato un centro commerciale, Termini Imerese un rudere, lo stabilimento Maserati di Grugliasco è stato messo in vendita su Immobiliare.it. Lo storico impianto di Mirafiori viene fermato in continuazione e gli operai ai cancelli si chiedono ogni volta se e quando riaprirà. La produzione di auto è precipitata da due milioni di pezzi a meno di mezzo milione. L'Italia è stata superata da Repubblica Ceca e Slovacchia, la Spagna (si badi bene: la Spagna) fabbrica tre volte più auto di noi. Dell'indotto si è detto: è stato raso al suolo. Delle altre aziende del gruppo, dalla Fiat Ferroviaria alla Fiat Aviazione, pure si è detto: sono state chiuse o vendute. I re senza corona di Torino hanno sempre avuto dallo Stato italiano tutto quello che volevano, dall'Alfa Romeo alla Telecom, e adesso lasciano solo cumuli di macerie, sulle quali gli eredi danzano spartendosi miliardi e contendendosi faraoniche ville, quadri e potere, mentre la procura di Torino li accusa di essere evasori fiscali. Non ci interessa sapere chi, fra i familiari della Real Casa, vincerà la partita, chi avrà la meglio nelle infinite dispute giudiziarie che proseguiranno nei prossimi anni regalandoci altri colpi di scena da soap, interviste strappalacrime, veleni, attacchi, ricchezze esibite, vergogne sbandierate e altre meschinità. Ci basta sapere che c'è già qualcuno che ha perso. Noi.

Del Vecchio, e tutti vissero spiati e scontenti

Albero genealogico famiglia Del Vecchio

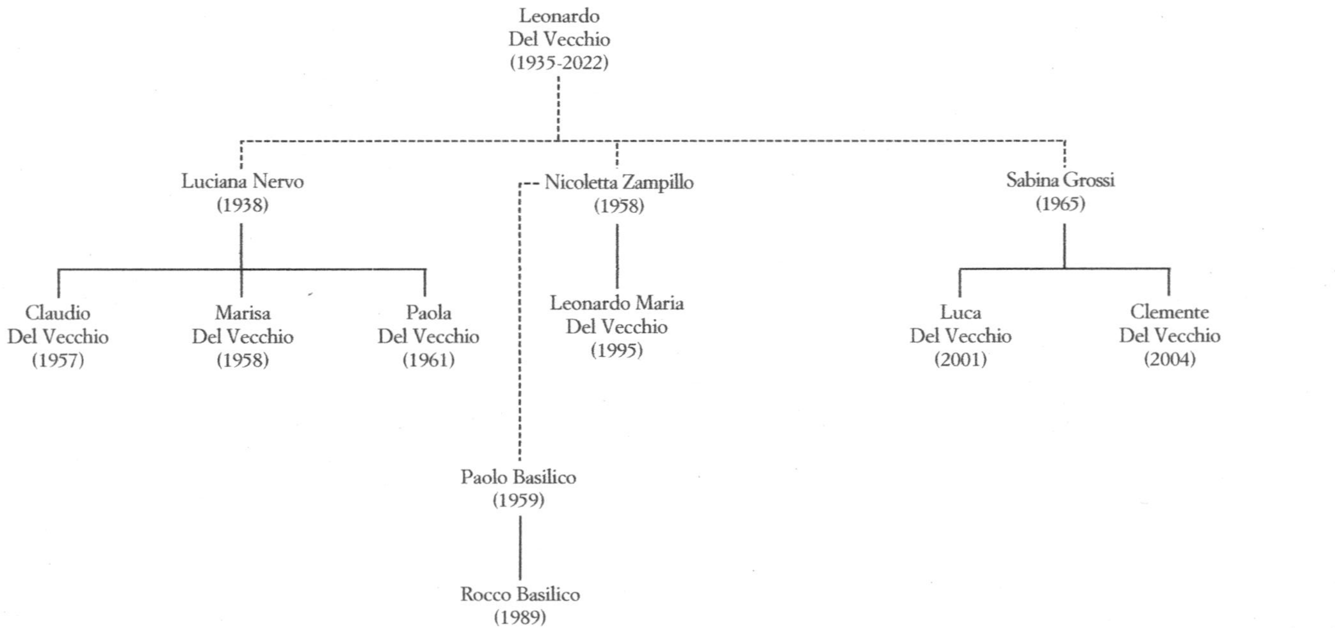

Il cavalier Leonardo, una favola senza lieto fine

E tutti vissero infelici e scontenti. La storia del cavalier Leonardo Del Vecchio si potrebbe raccontare come una fiaba: il piccolo orfano che diventa principe degli occhiali, il martinitt che conquista il mondo, il bimbo abbandonato che costruisce un impero planetario, l'ex «figlio di famiglia povera» che supera Agnelli nella classifica dei Paperoni. Gli elementi per la favola ci sono tutti. Purtroppo, però, manca il lieto fine. La favola infatti finisce nel momento in cui il cavalier Leonardo, a ottantasette anni, muore. Allora il principe meraviglioso, re di Luxottica, sovrano degli occhiali, eroe senza macchia e senza paura, mostra tutta la sua debolezza: finché era in vita ha vinto ogni battaglia, anche la più difficile. Da morto, invece, viene sconfitto pure lui.

Dal giorno del suo funerale, infatti, cioè dal giugno 2022, gli eredi si accapigliano attorno alla sua tomba. Si spiano, s'infangano. Litigano senza tregua. Senza vergogna. Gli uni contro gli altri armati. Divisi. Spaccati. Non a caso, ormai, da quasi tre anni, l'eredità è congelata. Di

Leonardo Del Vecchio tutti ricordano la capacità impressionante di risolvere ogni tipo di problema. Ma il problema della successione non l'ha saputo risolvere nemmeno lui.

E dire che era convinto di farcela. Quando morì Gilberto Benetton, un amico gli fece notare le difficoltà degli eredi, e gli suggerì al telefono: «Vede, cavaliere, bisogna pensarci prima». «Ma io ci ho già pensato» rispose lui. E spiegò di aver lasciato tutto il potere ai manager: «Così i familiari non litigheranno». Una delle poche previsioni sbagliate della sua vita da imprenditore: in effetti lui ha lasciato il potere ai manager, ma i familiari hanno litigato, eccome. Hanno cominciato a litigare dal giorno della sua morte e non hanno ancora smesso nel momento in cui va in stampa questo libro. Oltre mille giorni dopo. Ed è vero che nel frattempo il gruppo continua a crescere, a fare accordi, a fare soldi, perché la gestione è nelle mani degli amministratori scelti dal cavalier Del Vecchio. Ma sulla testa degli amministratori c'è la proprietà. E la proprietà è degli otto eredi. Otto familiari. Che si stanno letteralmente scannando per controllare il patrimonio da 40 miliardi di euro. Una lotta fratricida. Che, per quanto possa sembrare strano, rischia di mettere in pericolo la tenuta stessa dell'impero.

Nell'ottobre 2024, quando scoppia il caso degli spioni di Milano – quelli che avrebbero violato le più importanti banche dati, compreso il ministero dell'Interno, al grido di «freghiamo tutta Italia» –, si scopre che uno dei sei figli del cavaliere, proprio colui che porta il suo nome, il quartogenito Leonardo Maria, avrebbe chiesto a quella centrale di malaffare di realizzare dossier illegali per colpire i suoi fratelli. Infatti viene indagato dalla procura di Milano. Ci occuperemo più avanti di Leonardo, è un personaggio interessante: parleremo di lui, delle sue imprese un po' folli e della passione per le modelle, per conquistare le quali non avrebbe esitato a usare qualsiasi mezzo lecito o illecito, dal lusso più sfrenato (lecito) al trojan nel telefonino (illecito). Ma quello che conta sapere qui, fin da subito, è che Leonardo Maria avrebbe chiesto agli spioni dossier sui suoi fratelli, sapendo che era illegale, e che li avrebbe chiesti per usarli come armi proibite proprio nella lotta per l'eredità. Così almeno dichiarano gli spioni, nelle intercettazioni agli atti dell'inchiesta: «Leonardo Maria si trova ricattato per la governance dell'azienda» dicono. «Ogni membro della famiglia sta ricattando qualcun altro.» E, ricatto per ricatto, allora, perché non fare un po' di dossieraggio illegale? Perché non andare a curiosare nei dati riservati dei fratelli e magari anche della mamma? E, se non bastasse, perché non scivolare pure su qualche informazione falsa?

È successo persino questo. Gli spioni, infatti, hanno costruito per Leonardo Maria anche dossier farlocchi. «Non ho fatto nulla di illegale» spiega Leonardo ai procuratori. Ma i dossier esistono eccome. E fra le vittime del falso c'è Claudio, il più anziano dei fratelli Del Vecchio, primogenito del cavaliere. Gli spioni hanno monitorato i suoi spostamenti a New York, li hanno incrociati con i locali gay della città, e si sono inventati un rapporto della polizia americana che lo avrebbe sorpreso in compagnia di un travestito, tale Ralph A. Thompson, già segnalato sul registro dei criminali sessuali del dipartimento di Giustizia della Grande Mela. Tutto inventato, ovviamente. Nulla di vero. Anzi no, di vero qualcosa c'è: il fango che si mescola ad altro fango, e ai fiumi di veleni che scorrono fra i miliardi della famiglia Del Vecchio, riproponendo in modo inevitabile l'interrogativo: potrà l'impero resistere a tutto ciò?

Quell'impero si è sempre retto sull'intuito di un uomo solo al comando. Il cavalier Leonardo l'ha costruito tutto lui, con il suo genio, partendo dal nulla. Un piccolo capannone ad Agordo, sotto le Dolomiti bellunesi, è diventato il centro di un impero globale. Un uomo che non ha mai studiato ha dato vita a un'azienda all'avanguardia, che ha radici in Veneto e propaggini in tutto il mondo. E che è sempre cresciuta e che continua a crescere, da sessant'anni a questa parte, invenzione dopo invenzione, decisione dopo decisione, acquisizione dopo acquisizione, arrivando a toccare dopo la morte del fondatore un valore in Borsa pari a 100 miliardi di euro. Un traguardo che il cavaliere sognava. Una cifra che colloca l'azienda fra le big company del pianeta.

Ed è incredibile pensare che questo impero così vasto e così ricco, un impero oggi capace di lanciarsi, in cordata con Monte dei Paschi e Caltagirone, addirittura alla conquista di Mediobanca, ora sia in pericolo per colpa di una faida familiare. Quasi un paradosso, dal momento che il fondatore ha sempre messo gli interessi aziendali davanti a quelli della famiglia. «Ci sono gli imprenditori tutti casa e bottega, lui invece era un imprenditore tutto bottega e poco casa» dice chi l'ha conosciuto bene. «Era un padre assente» ha raccontato la figlia Marisa. Come tutti i patriarchi del capitalismo familiare italiano, era più attaccato alla creatura (azienda) che alle creature (figli). Un attaccamento viscerale, totale, a volte persino esagerato. E forse proprio questo gli ha impedito di capire chi erano davvero i figli che stava crescendo. Soprattutto gli ha impedito di capire quello che si sarebbe scatenato alla sua morte: fratelli coltelli, liti, ripicche, spioni, dossier illegali, dossier falsi, lotte nascoste e palesi vanità, finti trans e altre domestiche affettuosità. Anche questo è un bel paradosso: il cavalier Leonardo ha venduto occhiali in tutto il mondo, ma poi non ha trovato le lenti giuste per aiutare i suoi eredi a guardare lontano. Ha aiutato chiunque a mettere a fuoco le cose. E non è riuscito a mettere a fuoco il futuro della sua famiglia.

Il primogenito cacciato. E il figlio che figlio non è

L'appena citato Claudio Del Vecchio (classe 1957), primogenito del cavalier Leonardo, nonché vittima degli spioni ingaggiati dal fratello minore Leonardo Maria, è una figura chiave nella dynasty di Agordo. Lui, infatti, aveva iniziato a lavorare nel gruppo. Ed era stato avviato alla carriera di delfino. Aveva seguito il percorso previsto, la formazione di antico stampo: gli anziani dell'azienda l'avevano preso sotto la loro ala, era andato all'estero, aveva girato per le sedi sparse nel mondo, aveva avuto i primi incarichi, si era preso le prime responsabilità. A detta di tutti aveva davvero le qualità per succedere al padre. Il fondatore ne era convinto: «Quando, a settant'anni, lascerò l'azienda mi sostituirà Claudio» aveva annunciato pubblicamente nel 1991. Un'investitura ufficiale. Ma destinata a restare sulla carta. Alla soglia dei settant'anni, infatti, il cavalier Del Vecchio era ancora in azienda. Saldo al comando. E senza nessuna intenzione di uscire. A uscire, invece, dopo epiche litigate e reciproche sfuriate, fu proprio Claudio. Era la fine degli anni Novanta: Claudio se n'è andato allora, e non è mai più rientrato nel gruppo. Da quel momento il fondatore ha cambiato strategia e ha cominciato a ripetere: «Fuori i figli dall'azienda». Non è andata proprio così, come vedremo. Però di certo, dopo il primogenito, nessuno degli eredi si è dimostrato in grado di prendere davvero le redini del gruppo. Non a caso il fondatore non le ha lasciate a uno dei suoi figli. Le ha lasciate ai manager.

Ma i manager restano manager. Per quanto siano bravi, per quanto siano blindati, per quanto siano dotati di poteri speciali, per quanto siano premiati e stimati, non sono la famiglia. Ai manager, infatti, il fondatore ha lasciato la guida dell'azienda, non la proprietà. Che, ovviamente, è andata agli eredi. Sono loro i proprietari. Ma chi sono gli eredi di Leonardo Del Vecchio? Qui comincia la vera, singolare storia di una soap familiare poco conosciuta ma molto intrigante.

Gli eredi dell'infinito patrimonio accumulato dal cavalier Leonardo sono otto: i suoi sei figli, più Nicoletta Zampillo che è stata la sua seconda nonché quarta compagna, più il figlio di quest'ultima, Rocco Basilico, che non è un Del Vecchio, ma si comporta come tale. Gli otto hanno ereditato, e dunque sono proprietari della Delfin, la cassaforte lussemburghese dell'impero costruito dall'ex martinitt. Ognuno di loro ha il 12,5 per cento delle azioni. Sono destinati a stare insieme perché le decisioni importanti (l'ha messo per iscritto il cavalier Leonardo) devono essere prese con l'accordo di tutti. E però sono destinati a non intendersi perché sono lontanissimi fra di loro, per età, per storia, per sangue. Fra il primo e l'ultimo figlio del fondatore ci sono quarantasette anni di differenza, che non sono certo pochi. Il primogenito Claudio ha avuto per papà un Leonardo giovane operaio poco più che ventenne, ed è cresciuto fra le montagne del bellunese, senza nessun agio né privilegio. L'ultimo figlio, Clemente, ha avuto per papà un Leonardo ormai settantenne, ed è cresciuto fra i miliardi, i jet privati e gli yacht di lusso. Questi fratelli non hanno mai condiviso nulla fra di loro: né la casa né lo stile di vita né le abitudini né le passioni. Nemmeno un po' della storia familiare. Hanno condiviso solo il padre. Il quale, però, pur avendo la stessa identità, quarantasette anni dopo non era certo la stessa persona.

E poi c'è lui, l'ottavo erede, il settimo rampollo. Che di cognome fa Basilico, perché è nato dal matrimonio di Nicoletta Zampillo, la seconda e quarta compagna di Del Vecchio, con il finanziere Paolo Basilico. Rocco non è figlio di Leonardo, ma sua madre lo considera tale e come tale è stato inserito nell'asse ereditario. Anche lui si considera un figlio di Leonardo. Si racconta che un giorno un dirigente del gruppo ricevette una telefonata dalla sede asiatica di Luxottica. «Abbiamo qui la richiesta di uno che dice di essere il figlio di Del Vecchio e vuole fare un'esperienza da noi in Oriente. Come ci dobbiamo comportare?» A mandare il curriculum era stato proprio Rocco. Si era presentato come «figlio di Del Vecchio». Non lo è, ovviamente. Non lo è mai stato. Ma si comporta come tale da sempre. E da sempre gli è andata bene. Anche in quell'occasione, infatti, riuscì ad avere lo stage. Ancora oggi Rocco Basilico lavora in Luxottica: è uno dei due eredi che ha contraddetto il diktat del fondatore (l'altro è il quartogenito, Leonardo Maria). E ha ottenuto pure l'eredità, il 12,5 per cento delle azioni della cassaforte dell'impero. Proprio come un figlio di Del Vecchio, anche se figlio di Del Vecchio non lo è. Anche questo aiuta a capire perché da quasi tre anni gli eredi non riescono a mettersi d'accordo. Anche questo serve a capire perché la favola del cavalier Del Vecchio è finita così, fra spie e dossier. Senza happy end.

La guerra delle mogli e il master in seduzione

«*Cherchez la femme.*» La persona che incontro ha lavorato con il gruppo Luxottica per tanti anni. E ha conosciuto bene Leonardo Del Vecchio, la sua azienda e i suoi familiari. Ci vediamo in un bar di Roma. Ordina una torta della casa e un centrifugato di frutta, poi parte come un fiume in piena. «*Cherchez la femme*» ripete. E mi sorride. Ma come stupirsi? Non c'è dynasty senza amori. Donne fatali, passioni, relazioni pericolose, matrimoni segreti e ritorni di fiamma: anche l'impero Del Vecchio è appeso a un apostrofo rosa tra le parole «t'arricchisco».

La guerra che da quasi tre anni tiene bloccato il patrimonio, che divide gli otto eredi, che sconquassa la cassaforte di famiglia, e che potrebbe addirittura far vacillare l'impero, pare infatti essere, in buona sostanza, una trasposizione nella stanza del notaio della faida domestica tra le donne di Leonardo. In particolare tra due donne di Leonardo. Da una parte la seconda nonché quarta compagna, Nicoletta Zampillo, per due volte moglie, e in quanto tale entrata prepotentemente nell'eredità. Dall'altra la terza compagna, Sabina Grossi, che invece non è mai convolata a nozze, e dunque è rimasta fuori dalla cassaforte di famiglia. Ma che dà battaglia tramite i suoi due figli. Giovanissimi. E assai determinati.

Ma questa storia merita di essere raccontata dall'inizio. Cominciando dal fatto che Leonardo, il genio creatore, il ragazzo dell'orfanotrofio diventato Paperone, l'ex martinitt che ha conquistato il mondo, aveva una debolezza. Una su tutte. Gli piacevano le donne. Gli piacevano molto. Gli piacevano sempre. Un ex dipendente mi ha raccontato che durante una visita nello stabilimento Luxottica di Sedico, sempre nel bellunese, uno degli uomini più vicini al cavalier Del Vecchio indicò un divanetto, accanto all'ufficio del fondatore. «Sapesse quante ne ha viste quello» disse strizzando l'occhio. Negli ultimi anni, ricordano i suoi collaboratori, Leonardo si concedeva qualche pausa dal lavoro. Ed evaporava. Spariva. Dove andava? chiedo. «Lo sapeva solo lui» mi rispondono con un sorriso complice.

Leonardo Del Vecchio ha avuto tre compagne ufficiali. Con la prima, Luciana Nervo, si è sposato giovanissimo. Aveva ventun anni ed era capofabbrica a Pieve Tesino, in Valsugana. Lei era la figlia dei proprietari dell'alberghetto dove Leonardo si fermava a dormire. Luciana serviva a tavola. Si sono conosciuti così. Matrimonio nel 1956, viaggio di nozze in autobus, a San Marino. Pochi mesi dopo, nel febbraio 1957, è nato il primogenito, Claudio. Nel 1958 è nata la secondogenita, Marisa. Nel 1961 è nata la terzogenita, Paola. Luciana è stata al fianco di Leonardo negli anni duri ed eroici in cui ha iniziato la sua attività: ha lavorato con lui nella sua prima bottega, un garage che sembrava uno sgabuzzino, sul Naviglio di Milano; lo ha sostenuto quando ha firmato le prime cambiali; lo ha appoggiato quando ha scelto di concentrarsi sul settore dell'ottica. Poi, man mano che l'attività imprenditoriale decollava, il distacco fra i due è aumentato, fino ad arrivare alla separazione.

Negli anni Novanta è entrata in scena Nicoletta Zampillo. La persona che siede di fronte a me nel bar di Roma, a questo punto del racconto, mi cita un nome, chiedendo di tenerlo riservato. È stato un importante manager di Luxottica. «Lo sai che cosa diceva? Che Nicoletta Zampillo ha un master.» In che cosa? Ci pensa un po'. «In seduzione.» Un complimento? «Giudica tu.»

Di ventitré anni più giovane di Leonardo, donna energica, elegante, determinata e molto ambiziosa, Nicoletta è figlia di «re Vincenzo», un venditore originario di Caivano (Napoli), diventato ras degli agenti dell'ottica in Lombardia. Uno del ramo, insomma. «Re Vincenzo» è sempre stato vicino al fondatore di Luxottica: uno di quelli che fin dall'inizio avevano scommesso sul genio di Leonardo. La figlia Nicoletta in prime nozze aveva sposato l'enfant prodige della finanza milanese, Paolo Basilico, fondatore del gruppo Kairos, dal quale ha avuto il figlio Rocco. Poi ha iniziato a frequentare Del Vecchio, che era di casa nella sua famiglia e che nel frattempo era diventato uno degli uomini più ricchi del pianeta. Lui quasi sessantenne, lei poco più che trentenne: ma la differenza d'età non ha fermato la passione. Nel 1995 è nato Leonardo Maria, secondo figlio di Nicoletta e quarto di Del Vecchio. E nel 1997 i due si sono sposati, in gran segreto, alla Villa Reale di Milano.

È durata poco, però. Tre anni dopo, il divorzio. Leonardo si invaghisce di una importante manager di Luxottica, la *investor relator* Sabina Grossi: non la sposa, ma per lei lascia Nicoletta. E da lei ha altri due figli, il quinto, Luca (2001), e il sesto, Clemente (2004). La separazione da Nicoletta è piuttosto dispendiosa per il re degli occhiali: oltre a una montagna di quattrini, le lascia anche Villa Mondadori, la casa dove erano andati a vivere insieme. Milano, zona Triennale, quindici camere, quindici bagni, spa, palestra, cinema e parco, l'immobile ha un valore non trascurabile: nel 2008 viene infatti venduto per 24 milioni di euro. Pochi anni dopo, però, nuovo colpo di scena: Leonardo lascia Sabina e torna con Nicoletta. «Non la sposare più» lo implorano gli amici e i collaboratori fidati. Più di uno gli ricorda quanto gli sia costato il divorzio. Ma Leonardo fa di testa sua. Nel giugno 2010, in gran segreto, convola a nozze, per la seconda volta, con la signora Zampillo. «Di nuovo?» si stupiscono le persone a lui più vicine. «Sì, di nuovo» risponde lui sornione. Mette tutti davanti al fatto compiuto. La notizia infatti trapela solo diversi mesi dopo che il matrimonio è stato celebrato.

Da quel momento molti cominciano a pensare (e a scrivere) che Nicoletta influisca sempre di più nelle decisioni di Leonardo. E che lui sia leggermente succube. O forse nemmeno leggermente. Molti cominciano a pensare (e a scrivere) che Nicoletta influisca non solo nelle decisioni della loro vita privata, ma anche nelle scelte aziendali. La guida di Luxottica viene affidata infatti a Francesco Milleri, persona molto in gamba, dicono tutti, ma pur sempre ex vicino di casa e amico della signora Zampillo. Inoltre i due figli di Nicoletta, Leonardo Maria e Paolo Basilico, entrano in azienda, nonostante il diktat del fondatore fosse «mai più figli in azienda». E al momento dell'apertura del testamento si scopre che fra gli eredi, oltre ai sei figli e alla moglie Nicoletta, è stato inserito anche Rocco, che figlio di Leonardo non lo è. Decisioni che suscitano qualche perplessità (eufemismo) negli altri eredi, soprattutto nei figli di Sabina Grossi, la terza compagna. La quale Sabina non è mai stata sposata e perciò è rimasta fuori dalla cassaforte che controlla il gruppo. I suoi figli, ovviamente, sono entrati. Lei no.

E quando chiedo alla persona che sa tutto dei Del Vecchio come mai Nicoletta ha avuto due matrimoni, il figlio aggiunto nell'asse ereditario, Villa Mondadori e tutto il resto, mentre Sabina non ha avuto nulla di tutto ciò, lui mi guarda un po' sornione. Prende l'ultimo pezzo di torta, finisce il centrifugato di frutta, poi mi dice: «È una questione di titoli di studi». Che c'entrano i titoli di studi? Sorride. «C'entrano. Sabina, evidentemente, è solo laureata. Nicoletta, invece, ha il master.»

Il bimbo dell'orfanotrofio che arriva a guadagnare più di Agnelli

Il 27 novembre 1991 il ministero delle Finanze decide di pubblicare le dichiarazioni dei redditi dei 30.000 contribuenti più ricchi del Paese. E quel giorno l'Italia scopre che il contribuente più ricco del Paese abita in un piccolo centro disperso fra i monti del bellunese. Nessuno, in quel momento, conosce il nome di Agordo. E tanto meno conosce il nome del Paperone di Agordo. È solo allora, infatti, che il mondo si accorge dell'esistenza di Leonardo Del Vecchio. Nel 1990 ha dichiarato al fisco guadagni per 13 miliardi di vecchie lire, tre miliardi più di Berlusconi, sette miliardi più dell'Avvocato Agnelli. *Ricco e onesto, un miracolo italiano*, titola «Repubblica». Tutti cercano Leonardo. Lui per un po' si nasconde, poi è costretto a convocare una conferenza stampa e a dire qualcosa di sé: «Ebbene sì, ho una Rolls-Royce blu che uso pochissimo, una casa in Costa Azzurra e un aereo Falcon per spostarmi rapidamente. Adesso possiamo parlare dell'azienda?». Pochi giorni dopo Paolo Frajese lo intervista sul primo canale della Rai: «*Lorenzo* Del Vecchio...». È il più ricco d'Italia, ma è così sconosciuto che sulla rete ammiraglia sbagliano il suo nome...

Leonardo nasce nel 1935, in una casa di ringhiera di Baggio, una di quelle «case minime» che persino la guida del Touring Club definiva «vergognose». È figlio di un venditore ambulante di frutta e verdura, un pugliese emigrato a Milano che muore prima della sua nascita. Rimasta sola, la mamma di Leonardo, che ha già altri tre figli, si rende conto che non sarebbe riuscita a sfamarlo. Perciò lo manda in orfanotrofio, ai Martinitt, storica istituzione milanese. Certificato numero 14638. C'è scritto: «Risulta di famiglia povera, urge il ricovero perché durante la giornata è nel più completo abbandono». Del Vecchio non ha mai parlato volentieri di quel periodo. L'unico ricordo che concedeva, a chi lo interrogava sulla sua infanzia, era quello della tristezza. In effetti sono tempi tristi, quelli dei Martinitt. Tristi e duri. Leonardo sogna di diventare ingegnere, e invece finisce in una fabbrica di medaglie in corso di Porta Nuova. Ma non si scoraggia. Anzi: a quattordici anni riesce a rendersi autonomo e lascia l'orfanotrofio.

Prima apprendista, poi operaio, impara a stampare medaglie e targhette. Di quel periodo, come racconta la biografia di Tommaso Ebhardt, la più completa sulla figura di Leonardo Del Vecchio, gli è rimasto appiccicato l'odore del cavolo: era la sua schiscetta. Ogni giorno, a pranzo, mangiava zuppa di cavolo. A ventitré anni si mette in proprio, con il primo laboratorio a Milano. A ventisei arriva ad Agordo, come una specie di emigrante al contrario, da Milano al Veneto. Ma perché proprio Agordo? La spiegazione è molto semplice: Leonardo, nel frattempo, si è specializzato in stampi per gli occhiali.

Quindi vuole aprire uno stabilimento nel distretto dell'ottica, che si trova nel bellunese. Soltanto che nel distretto dell'ottica i prezzi dei terreni e dei capannoni sono troppo alti. Agordo, invece, sta ai margini del distretto. E si sta spopolando. Per questo il sindaco offre terreni gratis, cercando di attirare qualcuno che abbia voglia di trasferirsi lì. Leonardo arriva con la sua Lambretta nel 1961, prende il terreno (gratis), costruisce un capannone, si mette al lavoro. E in pochi anni trasforma quel piccolo paese nella LuxotticaTown, un luogo destinato a essere conosciuto in tutto il mondo.

«Un solo obiettivo: diventare il più bravo»

«Ho sempre avuto un solo obiettivo: diventare il più bravo in tutto quello che facevo.» E a diventare il più bravo il cavalier Leonardo ci è riuscito. Quando muore, il 27 giugno 2022, è il secondo uomo più ricco d'Italia nella classifica «Forbes» e il sessantaduesimo al mondo, con un patrimonio di 27,3 miliardi di dollari. Per arrivare così in alto ci ha messo oltre settant'anni di lavoro duro, senza sosta, senza tregua, con l'azienda sempre al primo posto. Era schivo, riservato, sempre lucido, con una grande capacità di arrivare al punto in un attimo. Senza perdersi in fronzoli. Essenziale. Negli ultimi anni, quando passava per i reparti della fabbrica di Agordo, tutti gli volevano parlare. Ma lui tagliava corto: «Ti parlo solo se hai qualcosa di nuovo da dirmi». I collaboratori raccontano che durante una cena di Natale, mentre si chiacchierava in allegria tra brindisi e auguri, a un certo punto si è bloccato e si è girato verso uno dei suoi manager, seduto accanto lui, con il bicchiere in mano e il panettone in bocca: «A quanto sono gli scarti nel reparto verniciature?».

Osannato e temuto, amato e spietato, era un maniaco dell'ordine. Gli impianti delle sue aziende dovevano essere luccicanti. Per anni al sabato, se non c'erano ordini da evadere, mandava tutti a pulire. Straordinario assicurato. Con i dipendenti è sempre stato generoso. E possessivo. Per tutta la vita li ha chiamati le «maestranze». Quando a metà degli anni Novanta stava per acquisire il controllo dei supermercati Gs, che erano di proprietà dell'Iri, disse che avrebbe licenziato molte persone: «Non lo vedete quante segretarie ci sono?» si lamentava con i suoi dirigenti. Poi, alla prima riunione da proprietario, si fece illustrare la situazione e cambiò idea: «Sono nostri dipendenti, li difenderemo. Anche se ci sono troppe segretarie». Il numero delle segretarie proprio non gli andava giù. Ma non ne licenziò nessuna.

Nel 2009, quando i manager gli imposero la cassa integrazione (quattro giorni in tutto) per gli operai di Luxottica, chiese: «Quanto ci perdono le maestranze?». «110 euro» gli risposero. Disse sì alla cassa integrazione ma contemporaneamente varò il «carrello della spesa»: una delle forme di welfare aziendale (mensa gratis, palestra gratis, visite mediche...) che hanno sempre dato lustro alle sue fabbriche. Si trattava in sostanza di una somma a disposizione degli operai, da spendere nei supermercati della zona per comprare pasta, olio, caffè, parmigiano e prodotti di marca fra cui anche la Nutella. Casualmente la somma era di 110 euro, uguale al taglio degli stipendi dovuto alla cassa integrazione...

Anche nei confronti di sé stesso si è sempre comportato come con le «maestranze»: è stato, cioè, insieme severo e molto generoso. Sveglia presto, alle cinque del mattino, tutti i giorni nuoto in piscina per tenersi in forma, un fisico d'acciaio, e una capacità di lavoro straordinaria. Ma l'ex martinitt nel corso della vita ha imparato ad apprezzare il lusso, a «spendere pur senza buttare via i soldi», come disse nella prima conferenza stampa del 1991. Sempre elegante, impeccabile, ha avuto soprattutto la passione per le auto di lusso: Rolls-Royce, Jaguar, Ferrari. Aveva una villa in Costa Azzurra, una ad Antigua e uno yacht da 30 milioni di euro, otto cabine, ascensore, palestra e piscina con flusso continuo: quando si è sposato con Nicoletta Zampillo lei ha preteso di ristrutturarlo tutto. Partirono gli operai da Agordo perché il lavoro fosse perfetto. Aveva elicotteri, jet, in particolare uno splendido aereo Gulfstream G650, che i collaboratori ricordano fermo per giorni alle Maldive, con tutto l'equipaggio a sollazzarsi in spiaggia, mentre il cavalier Leonardo si godeva le vacanze in qualche atollo. Un costo notevole. Un lusso non da poco. Con un patrimonio da 27,3 miliardi di dollari, del resto, poteva permetterselo.

Non ha mai amato, invece, la politica. Per capirlo basta andare a rivedere i filmati del 2011, quando ad Agordo fu festeggiato il cinquantesimo anniversario della fondazione di Luxottica. Si possono ritrovare tanti momenti solenni, applausi, ricordi, ci furono il video di Gabriele Salvatores e il concerto di Ennio Morricone. Ma non si ritroverà il discorso di un politico. Nemmeno uno. E questo per un motivo molto semplice: i politici non erano presenti. Non erano stati invitati. Provarono in tutti i modi a convincere Del Vecchio a far partecipare qualche rappresentante delle istituzioni. Cavaliere, facciamo venire il presidente del Consiglio? No. Un ministro? No. Il governatore della Regione? No. Fu invitato solo il sindaco di Agordo. Chi ha conosciuto bene Del Vecchio dice che, per lui, la politica si fermava lì, al municipio di Agordo. Fu pure candidato al consiglio comunale, anche se nelle biografie ufficiali non lo ricorda nessuno: 1980, lista Dc. Fu sconfitto e diventò consigliere di minoranza, poi fu chiamato a fare l'assessore alla Sanità dalla comunità montana. Rimase in carica per poco, giusto il tempo di far costruire una nuova ala dell'ospedale del paese. Ovviamente, tutta a spese sue.

Quei manager preferiti ai figli

È il gennaio 2016. Leonardo Del Vecchio ha ottant'anni. Ormai ha lasciato il suo impero nelle mani dei manager. E nessuno può immaginare che torni in azienda. Invece, improvvisamente, lo fa. Torna. A ottant'anni suonati. Torna in campo come hanno fatto tutti i grandi vecchi del capitalismo familiare. Come ha fatto Luciano Benetton. Come ha tentato di fare Carlo De Benedetti. I patriarchi non resistono. Non ce la fanno a immaginare l'azienda senza di loro. Pensano il futuro come se non tramontassero mai. Per questo non riescono a staccarsi davvero. Anche quando cercano di farlo.

Per Leonardo il momento del distacco era arrivato nel 2004. Per quarantatré anni filati, era stato il padrone assoluto dell'azienda. Il comandante in capo. Il leader totale. Tutto passava attraverso lui. Ma quell'anno dice basta. Decide di mollare. La svolta viene annunciata nel dicembre 2003 con un'intervista al «Corriere della Sera». «Il futuro dell'azienda è nei manager» dice Leonardo. «Vogliamo qualcuno che venga a insegnarci quello che non sappiamo.» Qualche mese dopo sceglie un giovane che lavora alla Merloni, Andrea Guerra, e gli lascia le chiavi dell'impero. Guerra gliel'hanno selezionato i cacciatori di teste. Lui lo incontra due volte. Due pranzi, due strette di mano. Tanto gli basta per capire che è l'uomo giusto. In quel momento il cavalier Del Vecchio ha settant'anni, un patrimonio sconfinato, un'azienda che è partita dal nulla ed è arrivata al top: ha comprato il mito americano dei Ray-Ban, ha suonato la campanella a Wall Street, ha acquistato i Persol (gli occhiali di Tazio Nuvolari e Steve McQueen), ha siglato accordi con le principali marche del lusso internazionale (da Armani a Bulgari, da Yves Saint Laurent a Chanel). Non è forse giunto il momento di godersi un po' di riposo?

Leonardo vola prima a Londra, poi nella sua villa in Costa Azzurra. E lascia campo libero a Guerra. Dicono che nutra per lui un'ammirazione sconfinata. «Me lo ricordo durante un consiglio di amministrazione» mi racconta una persona che, in quell'occasione, sedeva accanto a lui. «Guerra parlava e lui lo guardava con occhi quasi adoranti. Poi si è rivolto a me e a bassa voce mi ha detto: "Vero che questi giovani sono più bravi di noi?".»

Al cavalier Del Vecchio è rimasto tutta la vita il rammarico di non aver studiato. Il suo più grande dispiacere era essersi fermato alla quinta elementare. Non conosceva le lingue, si narra di riunioni in cui c'erano risolini e toccate di gomito per il modo in cui pronunciava alcune parole in inglese. Lui se ne accorgeva e soffriva. Perciò guardava pieno di ammirazione i giovani manager, con laurea e master, una perfetta conoscenza delle lingue, capaci di discettare di *shareholders' equity* e *risk management*, *market capitalization* e *treasury share*, mentre lui non aveva mai studiato neppure le regole base del marketing. «Vero che sono più bravi di noi?» Li guardava quasi con soggezione. Anche se in cuor suo sapeva che nessuno sarebbe mai stato bravo come lui.

Andrea Guerra viene cacciato nel 2014, dieci anni dopo la sua nomina, durante il tradizionale appuntamento a Villa d'Este in cui Luxottica, ogni anno, presenta l'attività futura. Il manager trova nella sua stanza un bigliettino: «Grazie di tutto», e capisce che per lui è finita. Non se l'aspettava. Non così. Però si consola con una buonuscita non da poco: «L'Espresso» parla addirittura di 170 milioni di euro. Che cosa ci sia dietro la rottura improvvisa, come mai tanta ammirazione si sia trasformata di colpo in un addio forzato, è difficile sapere. Secondo la versione ufficiale, Guerra si era troppo avvicinato alla politica, era stato alla Leopolda di Renzi, sognava incarichi istituzionali (che dopo l'addio a Luxottica in effetti ha avuto). Anche il cavalier Leonardo sembra accreditare questa versione: «Avevo scelto un manager giovane pensando di non occuparmi più dell'azienda, fino a quando lui non ha iniziato a interessarsi ad altro». Ma forse c'è qualcosa di più. Forse il fondatore si è accorto di quanto fosse pericoloso lasciare l'azienda nelle mani dei manager, che si comportano da padroni senza esserlo. «I manager servono, ma la famiglia conta di più» dice infatti il cavalier Leonardo rientrando in azienda. In altre parole: non possono comandare gli amministratori. Non possono avere mano libera. Anche se conoscono le leggi del marketing. Anche se hanno la laurea e parlano un perfetto inglese. A guidare i destini di un'impresa dev'essere sempre il proprietario. L'imprenditore. La famiglia. «La famiglia conta di più.»

Ma qual è il familiare che può prendere in mano l'impero degli occhiali? Qual è il Del Vecchio che si può sostituire al fondatore? Qui scatta il cortocircuito: il cavalier Leonardo ha cacciato il delfino designato Claudio e da quel momento ha sempre detto che i figli devono stare fuori dall'azienda. Le due figlie femmine, per altro, non si sono mai occupate di Luxottica. Gli altri tre maschi sono molto giovani. E dunque? Dunque è inevitabile: prima prova qualche altro manager. Poi, insoddisfatto, torna lui. Il fondatore. «Non mi sono mai stancato di andare avanti» è una delle frasi preferite di Leonardo quando racconta la sua storia. Ma qualche volta per andare avanti bisogna tornare indietro. Del Vecchio rientra in azienda nel gennaio 2016 e si mette al lavoro. È un ciclone, come sempre: fa, disfa, cambia, ordina, provvede. Comanda lui. Fino a quando arriva un'altra svolta. Viene nominato un nuovo amministratore delegato. Quello cui poi lascerà la guida dell'azienda. Quello di cui si fida davvero. Quello che metterà anche davanti ai suoi figli.

Di chi si tratta? Il suo nome è Francesco Milleri. Lavora in azienda da qualche anno, prima come consulente, poi come suo assistente. E ha un vantaggio: è il preferito della moglie Nicoletta. L'ex vicino di casa, l'amico, il confidente. A lui il fondatore lascia le chiavi dell'impero negli ultimi anni di vita. E poi anche dopo la sua morte. Nel testamento, infatti, il cavalier Leonardo scrive che sarà Milleri a guidare il gruppo. Senza discussione. In modo assoluto. E a tempo indeterminato. Lasciando ai figli un dubbio: ma come, papà? La parola d'ordine non era «la famiglia conta di più»?

Tutto il potere al «familiare aggiunto»

La famiglia conta di più, si capisce. Dipende, però, da che cosa si intende per famiglia. Sicuramente in questa storia, ancora una volta, conta di più Nicoletta Zampillo, seconda nonché quarta compagna di Leonardo, quella con il master in seduzione e la fede nuziale (ripetuta) al dito. Nicoletta, infatti, non solo è riuscita a farsi risposare dopo il primo dispendioso divorzio, non solo ha avuto il suo Rocco accanto a lei nell'asse ereditario come se fosse un figlio di Del Vecchio, ma ha avuto anche la soddisfazione di veder salire al comando dell'impero una persona fidata e a lei gradita. «Milleri era mio vicino di casa» raccontava a «Repubblica» nel 2014. «Aveva un figlio della stessa età del mio. L'ho conosciuto e con mio marito Leonardo ci siamo frequentati per diversi anni. È onesto, bravo e competente. Non posso che essere d'accordo se mio marito Leonardo si avvale della sua consulenza.» Detto fatto: ma la consulenza si è poi trasformata in potere assoluto. Oltre che in un regalino da 340 milioni di euro.

Umbro di Città di Castello, sessantacinque anni, un figlio musicista, laureato in giurisprudenza a Firenze, master alla Bocconi, un passaggio alla New York University, Francesco Milleri ha cominciato la sua attività come consulente aziendale nella farmaceutica. Poi si è messo a vendere software. Ed è proprio come consulente esperto di informatica che entra in Luxottica: è lui che avvia la rivoluzione di Agordo. È lui che trasforma la fabbrica che ancora parlava dialetto in una multinazionale dell'era digitale. Le doti professionali non gli mancano, la capacità di gestire le relazioni neppure: grazie allo stretto rapporto con Nicoletta diventa l'ombra del cavalier Del Vecchio. Il confidente. Il consulente personale. L'assistente. Lo va a prendere a casa e lo riaccompagna. Colazione da Marchesi in Monte Napoleone o in corso Magenta alle 8.30, un mezzo budino di riso e poi via, tutta la giornata insieme. Viaggi, hotel e anche vacanze, sempre insieme. Diventa, insomma, l'uomo di fiducia del cavaliere. Di più: uno di famiglia. Ed è in questo modo che nel 2016 ottiene un primo importante incarico dirigenziale. E due anni dopo, nel 2018, diventa amministratore delegato. Carriera lampo per il «familiare aggiunto».

Va detto che Milleri dimostra di essere davvero bravo. Non solo ha il merito della rivoluzione digitale, non solo guida l'azienda con mano ferma, non solo si dimostra fedele al fondatore, ma riesce anche a concludere in modo magistrale quell'accordo con i francesi di Essilor, di cui si parlava da tempo e su cui si erano schiantati i suoi predecessori. Milleri, invece, ce la fa. E così nasce EssiLux, il gigante che conosciamo oggi, un'azienda che unisce il principale produttore mondiale di lenti (la francese Essilor) con il principale venditore mondiale di montature (la veneta Luxottica), un colosso che fattura 15 miliardi di dollari, ha 140.000 dipendenti ed è arrivato a capitalizzare 100 miliardi di euro. A prima vista quell'accordo sembra favorire i cugini d'Oltralpe: la nuova società è infatti di diritto francese, la sede è sulla Senna e la quotazione alla Borsa di Parigi. Ma, in realtà, alla fine della fusione, tutti si accorgono che il bastone del comando è rimasto saldamente nelle mani italiane. È rimasto ad Agordo. È infatti la Delfin, la finanziaria di Del Vecchio, a controllare l'impero franco-italiano.

Un piccolo capolavoro manageriale, insomma. Così come promette di essere un altro piccolo capolavoro manageriale l'accordo siglato nel 2024 fra EssiLux e Meta per «trasformare un paio di occhiali nella principale piattaforma tecnologica del futuro». Il progetto, in pratica, è quello di far diventare gli occhiali i nuovi smartphone. Per altro Mark Zuckerberg, il papà di Facebook, oggi proprietario di Meta, ha anche annunciato di voler entrare nel capitale di EssiLux. Già quando era sbarcato per la prima volta ad Agordo, nel 2019, accanto al fondatore Del Vecchio, era sembrato un fatto straordinario. Ora Zuckerberg non solo dà lustro alla società creata dall'ex martinitt con le sue visite, ma ne vuole diventare addirittura socio. Un altro riconoscimento del buon lavoro fatto da Milleri.

Ma questo basta per far accettare a tutti il «familiare aggiunto» Milleri? O meglio: per far accettare a tutti che la sua poltrona sia inamovibile? Era stato lo stesso cavalier Leonardo a teorizzare che «i manager servono, ma la famiglia conta di più»: come mai poi nel testamento, invece, la famiglia conta di meno di un manager? Come mai agli eredi viene di fatto tolto il legittimo diritto di ogni proprietario, quello di scegliere l'amministratore? E come mai, per contro, all'amministratore è stato dato un potere assoluto vita natural durante? Davvero si può pensare che una scelta del genere possa essere accettata da tutti? Pacificamente? Senza scossoni? Milleri è bravo, si capisce: ma se ci fosse qualche figlio che crede di esserlo altrettanto? Se ci fosse qualche figlio convinto di avere le capacità, oltre che il diritto, di succedere al proprio padre?

A rendere ancora più rovente la questione c'è il fatto che Leonardo non ha lasciato a Milleri solo il controllo dell'azienda, ma anche un regalino non proprio da poco: un pacchetto di 2 milioni di azioni (per l'esattezza 2.148.148), per un valore totale di circa 340 milioni di euro. Su quei 340 milioni Milleri dovrebbe pagare imposte per 56 milioni di euro. Ma la cosa incredibile è che, secondo il testamento di Del Vecchio, tutte le tasse di successione sono a carico degli eredi. Quindi non di Milleri. Dunque i figli di Del Vecchio, espropriati di fatto del controllo dell'azienda, dovrebbero rimborsare 56 milioni di tasse all'amministratore che comanda al posto loro. E che ha avuto dal fondatore in regalo, oltre alla guida dell'azienda, anche un assegno da 340 milioni. Ovviamente, i figli tentennano. Milleri insiste. E così la cassaforte dell'impero si trasforma sempre più in una pentola a pressione. Che rischia di esplodere.

Il cavalier Leonardo e la partita a Monopoli con i figli

«Non lascerei mai a un figlio un'azienda così grande» diceva il cavalier Leonardo. E ancora: «Non esiste il figlio o la figlia». E ancora: «Il figlio al massimo legge il giornale la mattina per controllare come vanno i suoi titoli in Borsa». Dopo il litigio con il primogenito Claudio, prima designato delfino e poi ripudiato, il fondatore ha sempre escluso la possibilità di lasciare la guida dell'impero ai discendenti. Anzi, ha sempre detto di non volerli a lavorare con sé. Nel 1995, quando nasce Leonardo Maria, confida a Enzo Biagi: «Spero che mio figlio non entri mai in azienda». E poi aggiunge: «È giusto che i figli prendano la loro strada. Preferisco non facciano parte della mia azienda». Pochi anni dopo è la moglie Nicoletta, madre di Leonardo Maria, a confermare: «Mio marito ha detto che i suoi figli non devono lavorare in Luxottica». Ma, come vedremo, non è andata proprio così.

Il rapporto del cavalier Leonardo con i figli è sempre stato difficile. Soprattutto con i primi tre, Claudio (1957), Marisa (1958) e Paola (1961), nati quando lui non aveva ancora trent'anni ed era tutto dedito a fondare il suo impero. «Ho un solo rammarico» confesserà negli ultimi anni della sua vita. «Ho sempre pensato prima al lavoro. L'azienda è diventata la mia famiglia.» L'azienda è diventata la sua famiglia, ma soprattutto l'azienda è passata davanti alla vera famiglia. Per i figli c'era sempre poco tempo. Niente coccole né baci, al massimo qualche sculacciata se la pagella non era buona. Al mare li mandava in colonia. Racconta la secondogenita Marisa che il tempo per giocare con loro non c'era mai. «Ricordo solo una partita a Monopoli: ci fece una lezione su come si comprano case e alberghi. Ovviamente vinse.»

Non dev'essere facile crescere con un padre che fa l'imprenditore di successo anche quando gioca a Monopoli. Ancora Marisa: «Era assente e severo, lo temevamo». Claudio ricorda di essere stato l'ultimo del paese ad avere il motorino. Al contrario il quartogenito Leonardo Maria, nato nel 1995, di trentotto anni più giovane, ha avuto tutti i lussi e i comfort. Raccontano che usasse pure le auto aziendali, con tanto di pass di servizio. Quando prendeva qualche multa, in azienda c'era chi protestava. Ma il cavalier Del Vecchio per lui aveva un debole: «La nascita di Leonardo Maria mi ha dato emozioni che non mi avevano dato gli altri tre» ha confidato. Quando è nato il quartogenito, lui aveva sessant'anni ed era già Paperone. Il quintogenito, Luca (2001), e il sestogenito, Clemente (2004), sono venuti al mondo ancora dopo. Raccontano che una volta andò a prendere Clemente a scuola. E tutti gli si fecero incontro per festeggiarlo: «Cavaliere, sta aspettando il suo nipotino?». Non era il nipotino, però.

Non è mai stato facile il rapporto di papà Leonardo

con i suoi figli. E non è facile ora il rapporto dei fratelli fra di loro. Sono distanti per età, esperienze, tipo di educazione ricevuta. Un conto è nascere in Borgo Valsugana, figli di un giovane operaio pieno di sogni; un conto è nascere a Milano, figli di un ricco imprenditore che viaggia con elicotteri e jet personali. Un conto è avere come madre la figlia degli albergatori di montagna, che non ama apparire e non rilascia interviste; un conto è avere come madre una assidua frequentatrice dei salotti bene e della finanza lombarda. Un conto è andare in vacanza in colonia. Un conto è andare in vacanza sullo yacht di papà che vale 30 milioni di euro. Le incomprensioni sono inevitabili. I fratelli Del Vecchio sembrano fatti per non capirsi.

E il lavoro in azienda? Dovevano restarne tutti fuori. Invece no. Leonardo Maria, il prediletto, il favorito, oggi lavora in Luxottica. Di lui papà Del Vecchio diceva: «Spero che non entri mai in azienda». Di lui mamma Nicoletta diceva: «Non è interessato all'azienda». Invece era interessato, eccome. Invece è entrato, eccome. E pure con incarichi di responsabilità. I suoi fratelli, invece, no. Claudio, come abbiamo detto, se n'è andato alla fine dello scorso millennio e non è mai più rientrato. Marisa non ha mai partecipato alle imprese familiari. Paola si è dedicata al settore dell'abbigliamento sportivo, e senza troppo successo. Luca e Clemente, poco più che ventenni, stanno ancora studiando. L'unico dei figli a essere in azienda è proprio lui, Leonardo Maria, il figlio di Nicoletta. E sarà un caso, ma anche l'altro erede entrato in Luxottica è figlio di Nicoletta: Rocco Basilico, infatti, dal 2020 è *chief wearables officer* (qualsiasi cosa voglia dire), nonché amministratore delegato della controllata Oliver Peoples. Mentre Leonardo Maria... be', Leonardo Maria merita un capitolo a parte.

Amori, lusso e spie: scende in campo il rampollo d'oro

Il 23 maggio 2023 due collaboratori di Leonardo Maria Del Vecchio entrano in un ufficio di via Pattari a Milano, proprio dietro piazza Duomo. Vengono ripresi dalle telecamere nascoste dei carabinieri. Quella, infatti, è la sede di Equalize, una società messa sotto inchiesta perché violerebbe le banche dati riservate, compresa quella del ministero dell'Interno, per fabbricare dossier a richiesta. In pratica questa società venderebbe informazioni rubate in modo illegale. Che ci fanno lì i due collaboratori di LMDV? Hanno una richiesta da parte del loro capo: vogliono che gli spioni mettano sotto controllo il telefono di una ragazza, una modella di cui Leonardo Maria si è invaghito. Si chiama Jessica Michel Serfaty, americana, nata in Arkansas, quattro anni più anziana di lui, un figlio e un matrimonio fallito alle spalle. «Questa benedetta Jessica...» la definiscono i due collaboratori spiegando il problema più antico del mondo. «Lui si è innamorato, ma lei è innamorata di un altro...» Leonardo Maria davanti al procuratore sostiene di non c'entrare nulla; secondo i suoi collaboratori, invece, è proprio lui che vorrebbe mettere il telefono sotto controllo. Sanno tutti che è illegale. Ma non importa. Il piano è pronto: Leonardo

Maria ha affittato una barca da 50 metri, ha organizzato una festa e ha invitato la ragazza dei suoi sogni. Lei sicuramente lascerà il cellulare, glielo sottrarranno qualche minuto e zac, il gioco sarà fatto. Un costoso gioco da 007 innamorato. Agli spioni l'erede Del Vecchio ha detto: «Non ho limiti di budget. Pago, faccio, disfo...».

Non è la prima volta, per altro, che l'esuberante rampollo del cavalier Del Vecchio fa pazzie per amore. Quando incontra Jessica, infatti, pur avendo solo ventotto anni ha già un matrimonio fallito alle spalle: a ventisei anni ha sposato un'altra modella, Anna Castellini Baldissera, erede di una delle famiglie più in vista di Milano, discendente diretta di Giacomo Puccini. Nel settembre 2021 la cerimonia civile nel Palazzo Reale di Milano. Nel giugno 2022 la grande festa a Saint-Tropez in un castello del XIX secolo: lei in abito da sirena e regale chignon, lui con tight color cammello, il tutto allietato da Giuliano Sangiorgi dei Negramaro che canta *Meraviglioso*. Nel dicembre 2022 la separazione. Accordo consensuale. E conseguente pagamento. I giornali scrivono che per quattordici mesi di matrimonio Leonardo Maria Del Vecchio deve sganciare 40 milioni di euro. «Sono di meno» dicono i parenti. Che però ammettono: «C'è stata un po' di avventatezza...».

E l'avventatezza continua. «Le donne per lui sono sempre un problema» confessano i suoi collaboratori. Pochi mesi dopo la dispendiosa separazione, infatti, LMDV s'invaghisce della modella Jessica. E chiede aiuto. Gli spioni si organizzano per seguire la ragazza a Los Angeles, realizzano rapporti più o meno farlocchi sulle sue relazioni con un famoso illusionista, David Blaine, creano dal nulla chat compromettenti e cercano, senza successo, di spiarle il telefono. «Attività in relazione a Del Vecchio: realizzazione di dati contraffatti» recita una delle fatture della società degli spioni, assai colpiti dalla disponibilità a spendere del rampollo invaghito. «Ci paga 20.000 euro un lavoro da 5000» dicono soddisfatti. E ipotizzano un «contratto quadro» con la società di LMDV per un valore di 10 o addirittura 20.000 euro al mese. «A me Del Vecchio non piace, ma può essere l'affare della vita» dice lo spione. In effetti: quante altre persone in Italia possono spendere 20.000 euro al mese per spiare la fidanzata?

Alla fine, Leonardo Maria ce la fa. Conquista Jessica. Ovviamente a modo suo. «200.000 euro di regali in questo weekend» dice uno degli spioni al telefono, nel giugno 2023. «Un weekend, ti rendi conto?» risponde l'altro. Poi parlano di una casa da un milione di euro che lui le avrebbe comprato a Milano, auto in regalo, fra cui una Ferrari, e 4000 euro al mese come *argent de poche*. L'erede Del Vecchio non esita a spendere 25.000 euro in una botta solo per far rientrare Jessica da Los Angeles all'Italia in tempo per una gita in barca. Senza successo, per altro. La modella non arriva. Perde l'aereo. «L'ha fatto apposta» malignano gli spioni. L'estate 2023, comunque, è trionfale per LMDV e Jessica, due piccioncini del jet set: alberghi sette stelle, yacht da 30.000 euro al giorno, elicotteri per andare a Montecarlo, vacanze al Grand Canyon, quattro notti a Las Vegas per 400.000 euro, ristoranti esclusivi. All'improvviso su «Chi» la rivelazione:

lui le ha chiesto la mano. L'ha fatto durante una cena romantica in Costiera amalfitana. Le ha regalato l'anello, ovviamente di diamanti. E lei posta su Instagram: «Ho detto sì». Matrimonio? Vero? Finto? Con rito indiano? Con rito cristiano? Passano pochi mesi e, nel luglio 2024, Jessica scrive sui social di essere stata abusata da Leonardo Maria Del Vecchio. Lui nega tutto. Lei ritira e si scusa per evitare guai giudiziari. La relazione iniziata nell'ufficio degli spioni finisce alle porte del tribunale. Non granché come storia d'amore.

Eppure, per quanto possa sembrare strano, il protagonista di queste bizzarre avventure amorose aspira a diventare il capo unico e indiscusso di Luxottica. Quelli che entrano in contatto con lui, come gli spioni, non hanno dubbi: è una promessa che ha fatto al padre, raccontano. O, almeno, che dice di aver fatto al padre. Sarebbe successo al San Raffaele di Milano, nel giugno 2022, nei giorni in cui il fondatore dell'impero si stava spegnendo. Ore agitate, dolore e tensione, scontri con i medici attorno al letto di morte. «Mio padre mi ha detto: t'ho fatto studiare, t'ho messo alla Bocconi e ora tocca a te.» Questo, secondo gli spioni, pensa e racconta Leonardo Maria. «Nonostante i rapporti brutti che c'erano con il padre, lui non vuole farsi fottere l'azienda» spiegano. E forse proprio per questo, per non farsi «fottere l'azienda», diventa «aggressivo» e dichiara guerra a tutti. Fa spiare non solo la sua fidanzata, ma anche i suoi fratelli. E persino sua madre, con cui i rapporti pare non siano più buoni come un tempo. Lui la definisce con espressioni irripetibili, riferiscono gli spioni. «E lei gli voleva fare il

Tso.» Davvero? Per gli 007 di via Pattari non ci sono dubbi: insulti e Tso, «questi sono i loro rapporti».

Dai ristoranti vip alla bibita di Fedez: così Leonardo Maria spende e sogna

Su molti degli elementi dell'inchiesta, compresi i dati farlocchi e le parole in libertà, saranno i tribunali a fare chiarezza. Ma una cosa pare certa: Leonardo Maria sembra davvero aspirare a prendere le redini del gruppo. Proprio così: il farfallone sentimentale, l'indagato per passione, il ricco che si sarebbe rivolto a una centrale di malaffare per spiare «senza limiti di budget» la donna di cui è innamorato, l'erede in lite con la famiglia che raccoglie dossier sui fratelli e sulla mamma, ebbene, davvero costui sembra avere l'ambizione di conquistare, dopo le modelle, anche il controllo dell'impero degli occhiali. Gli indizi ci sono tutti, al di là di quello che dicono di lui gli spioni. Intanto il quartogenito del fondatore è l'unico dei figli che lavora dentro l'azienda, e pure con incarichi importanti: prima è stato capo del retail e amministratore delegato di Salmoiraghi & Viganò, poi è diventato niente meno che capo delle strategie del gruppo. E non nasconde di ambire a qualcosa di più. «Si vede alla guida del gruppo?» gli chiede Daniela Polizzi del «Corriere della Sera» nel luglio 2024. E lui: «Se me lo dovesse chiedere Milleri e se i fratelli fossero d'accordo...». Come a dire: non aspetto altro. È il mio obiettivo.

Nel frattempo, mentre aspetta la chiamata e la disponibilità dei fratelli (che difficilmente arriverà), il giovane Leonardo Maria, tra una modella e l'altra, fra un weekend a Montecarlo e uno a Las Vegas, ha cominciato a diversificare la sua attività, creando un fondo tutto suo e investendo centinaia di milioni in qualsiasi genere di iniziative. Prima si è buttato nel food comprando tre ristoranti a Milano: la Trattoria del Ciumbia, Vesta e Casa Fiori Chiari. Quindi ha deciso di portare la ristorazione nei luoghi di vacanza dei milanesi: ha aperto un locale a Portofino e si è comprato (4,5 milioni di euro) i bagni Franco Marr in Versilia. Ha investito sulla bevanda Boem di Fedez, finita anch'essa nelle carte di un'inchiesta, quella sulle curve dei tifosi di Milan e Inter (il cantante infatti voleva piazzare la sua bibita allo stadio con l'aiuto degli ultras). Poi ha comprato (9 milioni di euro) le terme di Fiuggi. Poi è entrato nel packaging, mettendo 50 milioni di euro nel gruppo che fa capo alla famiglia del re dei social, Gianluca Vacchi. Poi ha investito in due immobiliari. Poi s'è buttato sulla Leone Film, la società di audiovisivi dei figli di Sergio Leone. Quindi ha messo un po' di soldi nel fondo degli eredi di Chanel. Come se non bastasse, si è affacciato anche nel mondo degli sport estremi finanziando il campionato mondiale di motoscafi elettrici. E infine ha comprato da Flavio Briatore il Twiga di Forte dei Marmi, il Twiga di Montecarlo e il Billionaire di Porto Cervo. Nei primi diciotto mesi di attività ha investito 250 milioni di euro in oltre quaranta operazioni. E non tutte di successo, per altro: la bibita di Fedez, per dire, nell'ultimo anno ha fatturato appena 200.000 euro. E ha perso 2 milioni...

Ma non importa: a Leonardo Maria i soldi non mancano. Ha un patrimonio personale di 5 miliardi di euro. Ha appena comprato uno yacht di 50 metri ribattezzato *No Rush* (un altro, della stessa misura, l'ha comprato sua mamma Nicoletta). In garage sei Ferrari (sei), una Maserati, una Bugatti, una Pagani e un'Aston Martin, dieci auto di lusso, valore stimato in circa 30 milioni di euro. Può permettersi di uscire ogni giorno della settimana con una fuoriserie diversa. E può permettersi anche di spendere 200.000 euro per un weekend con la fidanzata, come abbiamo visto. Ma, a quanto pare, le ambizioni sono persino superiori alla sua ricchezza. Vorrebbe diventare, infatti, a tutti gli effetti l'erede del padre. Anche se, a guardarlo, per molti versi ne sembra l'esatto opposto: tanto il padre era focalizzato, tanto lui è dispersivo. Tanto il padre era schivo, tanto lui è piacione. Tanto il padre rifuggiva il gossip, tanto lui ci sguazza dentro. Barba, fashion, modelle, moto d'acqua, foto postate e copertine vip: niente a che vedere con il fondatore. Per scoprire che Leonardo Del Vecchio era l'uomo più ricco d'Italia gli italiani ci misero anni. Quando uscì la notizia nessuno sapeva chi fosse. Non aveva mai parlato con i giornali, non era mai apparso in nessun salotto. Leonardo Maria, invece, ama apparire. Eccome. Red carpet e feste mondane, showbiz e discoteche.

Infatti, a ventinove anni, ha già concesso più interviste che suo padre in ottantasette anni di vita. Il 25 ottobre 2024 è comparso anche, impacciatissimo, nello studio di Bruno Vespa, ospite della trasmissione *Cinque minuti*. Recitava la parte dell'imprenditore patriota e del filantropo pronto a spendersi per i poveri. Il giorno dopo è uscita la notizia dell'inchiesta che lo vede indagato come supercliente degli spioni. Avrebbe speso migliaia di euro per avere dossier illegali: non proprio un'attività di beneficenza. In mezzo a tante interviste telecomandate, però, ogni tanto c'è anche il rischio di imbattersi in qualche domanda vera. Una volta, per esempio, gli hanno chiesto che cosa avrebbe pensato suo padre di questo suo attivismo matto e disperatissimo, di questi suoi investimenti un po' folli in ogni ambito, dal cinema ai ristoranti, dal packaging alle bevande di Fedez. «Mio padre era scettico su queste attività» ha ammesso lui. E poi ha aggiunto: «Io però vorrei offrirgli un piatto di pasta alle vongole perché era il suo piatto preferito». Chiaro, no? Dal genio dell'imprenditoria al figlio che spia le modelle, il destino è segnato. Un destino alle vongole, purtroppo.

40 miliardi di eredità: e tutti vissero spiati e scontenti

Il piatto preferito era la pasta alle vongole. Dicono amasse anche il gelato alla nocciola. In ogni caso, il cavalier Leonardo aveva gusti semplici. Finiva ogni pasto con una mela sbucciata e tagliata in quattro, ricordo dei tempi dell'orfanotrofio. Semplicità e modestia. Essenzialità. Non ha mai ostentato i suoi quattrini. Però ne aveva davvero tanti. Grazie al suo genio imprenditoriale, infatti, ha accumulato una fortuna: la sua cassaforte, la Delfin, oggi vale più di 40 miliardi di euro. Dentro ci sono, oltre alla quota di controllo (32 per cento) di EssiLux, il gigante da 100 miliardi di euro, anche le partecipazioni in Mediobanca (20 per cento), Generali (10 per cento), Unicredit (2 per cento) e Convivio. Lungo è poi l'elenco di beni mobili e immobili lasciati dal cavalier Leonardo: la villa La Leonina di Beaulieu-sur-Mer, vicino a Nizza, l'altra dimora di Antigua ai Caraibi, compresi «arredi e oggetti d'arte», un jet Gulfstream G650, il 13 per cento della compagnia aerea nazionale lussemburghese Luxair e lo yacht Moneikos, messo in vendita a 38 milioni di euro (e venduto poi per 28 milioni a un armatore greco). Inoltre immobili a Monaco, in Francia, in Lussemburgo, un appartamento a Milano, in piazza San Fedele, una palazzina a Roma, in lungotevere Marzio. Il motoscafo *Oliver* da 600.000 euro. La Rolls-Royce, la Lamborghini, case di lusso a Roma e Milano, le Terme di Fontecchio... Un patrimonio sconfinato, insomma.

Leonardo Del Vecchio è morto il 27 giugno 2022. Un mese dopo, il 1° agosto, nello studio del notaio Mario Notari, è stato aperto il testamento: gli otto eredi (i sei figli, più l'ultima moglie Nicoletta Zampillo, più il figlio di quest'ultima Rocco Basilico) hanno avuto ciascuno il 12,5 per cento della Delfin, la cassaforte dell'impero. La moglie Nicoletta ha ereditato anche una palazzina a Roma del valore di 30 milioni di euro, oltre alla villa in Costa Azzurra (valore 47 milioni) e a quella ai Caraibi. All'amministratore delegato dell'azienda, Francesco Milleri, l'amico di Nicoletta, è andato, come abbiamo detto, un regalino in azioni del valore di 340 milioni di euro, oltre alla poltrona di comando garantita praticamente per il resto della vita. Del Vecchio ha infatti inchiodato Milleri alla guida del gruppo, dandogli poteri non da manager ma da sovrano assoluto. L'ha fatto diventare una specie di pontefice massimo, il Papa di Luxottica. I familiari, in base allo statuto, possono scalzarlo solo se raggiungono la totale unanimità dei consensi. Cosa impossibile visti i rapporti, come il fondatore sapeva benissimo.

Proprio per questo, però, l'eredità non viene accettata. Gli otto si risentono, litigano. Alcuni vorrebbero subito una modifica dello statuto per poter sostituire l'amministratore delegato. Altri sono contrari. Poi c'è la questione di Rocco Basilico: perché il figlio di Nicoletta è stato considerato alla stregua di un Del Vecchio, visto che non lo è? Così l'eredità di fatto viene congelata. Per anni. «Se ci penso mi vergogno» ammette il quartogenito Leonardo Maria. «Ci vuole responsabilità» chiede l'amministratore delegato Francesco Milleri. Ma gli eredi sono così incattiviti che rinunciano persino a incassare i dividendi. L'impero continua a produrne, in abbondanza, ma, senza accordo, restano bloccati (se ne può distribuire solo il 10 per cento). I rampolli degli occhiali preferiscono rimanere a secco piuttosto che cedere. Tanto di soldi ne hanno fin che vogliono. Di astio, anche di più. Infatti si scontrano su tutto: colpi bassi e veleni. Arrivano a litigare persino su chi deve pagare la parcella del notaio. Non trovano l'intesa nemmeno su quello. E finiscono per cambiare notaio.

A dividere è soprattutto il potere lasciato all'amministratore delegato Francesco Milleri. E i soldi che egli ha avuto in regalo. Oltretutto, come abbiamo visto, Milleri pretende il rispetto totale delle clausole ereditarie, e chiede il rimborso delle tasse di successione per un totale di 56 milioni di euro. I figli del cavalier Leonardo non ci stanno: ma come? Quello incassa un regalo da 340 milioni, in pratica è come se vincesse al SuperEnalotto della vita, e noi dobbiamo pure pagargli le tasse? Perché non se le paga da solo? E già che ci siamo: perché non possiamo mettere in discussione il suo ruolo? Perché dobbiamo avere un amministratore che comanda vita natural durante? Perché non cambiare lo statuto? Luca e Clemente, i più giovani fra i figli del cavalier Leonardo, cominciano a dare battaglia, sostenuti dalla madre Sabina, la terza compagna del fondatore. Invece Nicoletta, la seconda e quarta compagna, sostiene Milleri. Rocco s'accoda. Leonardo Maria spera di diventare lui il capo. Gli altri fratelli si schierano un po' di qua, un po' di là. Alla fine diventa un furibondo tutti contro tutti: nessuno si fida di nessuno. Tutti si attaccano. Tutti si temono. Tutti si muovono vorticosamente. E così l'eredità rimane ferma. Per anni. «Se ci penso mi vergogno.» In effetti, c'è da vergognarsi. Anche perché, nel frattempo, la Francia ha acceso un faro sulla villa del cavalier Leonardo in Costa Azzurra: se venisse fuori che era residente lì negli ultimi anni di vita, anziché in Italia, come aveva dichiarato, le tasse di successione sarebbero molto più alte. E quindi agli eredi toccherebbe sborsare un bel po' di soldi...

Ed è proprio mentre si combatte questa feroce battaglia attorno al cadavere del cavalier Del Vecchio, che il quartogenito Leonardo Maria avrebbe mandato, secondo quanto sostiene la procura, i suoi collaboratori a chiedere aiuto agli spioni di Milano. Prima vengono discusse le questioni sentimentali, e dunque il caso di Jessica. Poi le questioni economiche, e dunque il caso dei familiari. «Ci sono due persone che Leonardo Maria vorrebbe monitorare: la prima è il fratello maggiore Claudio, e la seconda è un consulente che sta vicino a una delle sue sorelle, Paola» dicono i tuttofare di Leonardo quando entrano nel covo di via Pattari. Poi chiedono dossier anche sugli altri componenti della famiglia: su Marisa, su Luca, su Clemente. E anche sulla madre di LMDV, Nicoletta Zampillo. Tutti spiati. Tutti dossierati. Dati fiscali, dati anagrafici, versamenti effettuati, controlli, annotazioni nei registri di polizia, passaggi al confine, dati Inps. Nei dossier viene indicato di tutto: da quando Paola Del Vecchio ha denunciato lo smarrimento del passaporto alla stazione dei carabinieri di Gattico (Novara) a quando Marisa Del Vecchio è stata controllata dalla sezione operativa navale di Gaeta o dall'ufficio frontaliero di Ciampino. Nulla sfugge agli spioni. Nemmeno il dettaglio più insignificante. Con 40 miliardi di euro in ballo, del resto, tutto può servire. Nulla va lasciato al caso.

E se poi i dati veri non bastano, che problema c'è? Se ne creano di falsi. Come quelli utilizzati per mettere in cattiva luce Claudio Del Vecchio, il primogenito della famiglia, che da tanto tempo ormai vive a New York. Gli spioni prima elaborano uno schema per dimostrare che Claudio avrebbe occultato 40 milioni di euro in una fiduciaria del Liechtenstein. Poi, come abbiamo visto, fabbricano un falso rapporto della polizia di New York: il più anziano dei Del Vecchio sarebbe stato trovato, durante i controlli nei locali gay al Lincoln Center, insieme a un noto travestito già segnalato al dipartimento dei crimini sessuali, Ralph A. Thompson. Tutto falso, ovviamente. Ma tutto presentato come autentico. Una vera e propria macchina del fango, scrive la procura. Ma questa macchina del fango non si è messa in moto da sola. Si è messa in moto perché qualcuno ha chiesto dossier illegali. E questa richiesta sarebbe partita dall'interno della famiglia. Da uno degli eredi. Per lottare contro gli altri. Per poterli incastrare.

E lo scontro in casa Del Vecchio non è un'invenzione degli spioni. I report saranno pure immaginari, ma i veleni che dividono gli eredi sono reali. Molto reali, purtroppo. «Ognuno sta ricattando qualcun altro» dicono gli 007 di via Pattari mentre lavorano per il rampollo Del Vecchio. Ognuno sta ricattando qualcun altro. E in effetti, se non fosse così, un'eredità tanto ricca non rimarrebbe bloccata tre anni. E la favola del cavaliere senza macchia e senza paura che ha conquistato il mondo non avrebbe un finale così brutto.

C'era una volta un bimbo dell'orfanotrofio che divenne principe degli occhiali. Il suo regno era immenso, il suo potere maestoso, il suo prestigio sconfinato. Poi morì. E tutti vissero infelici, spiati e scontenti.

De Benedetti e l'impero di carta (straccia)

Albero genealogico famiglia De Benedetti

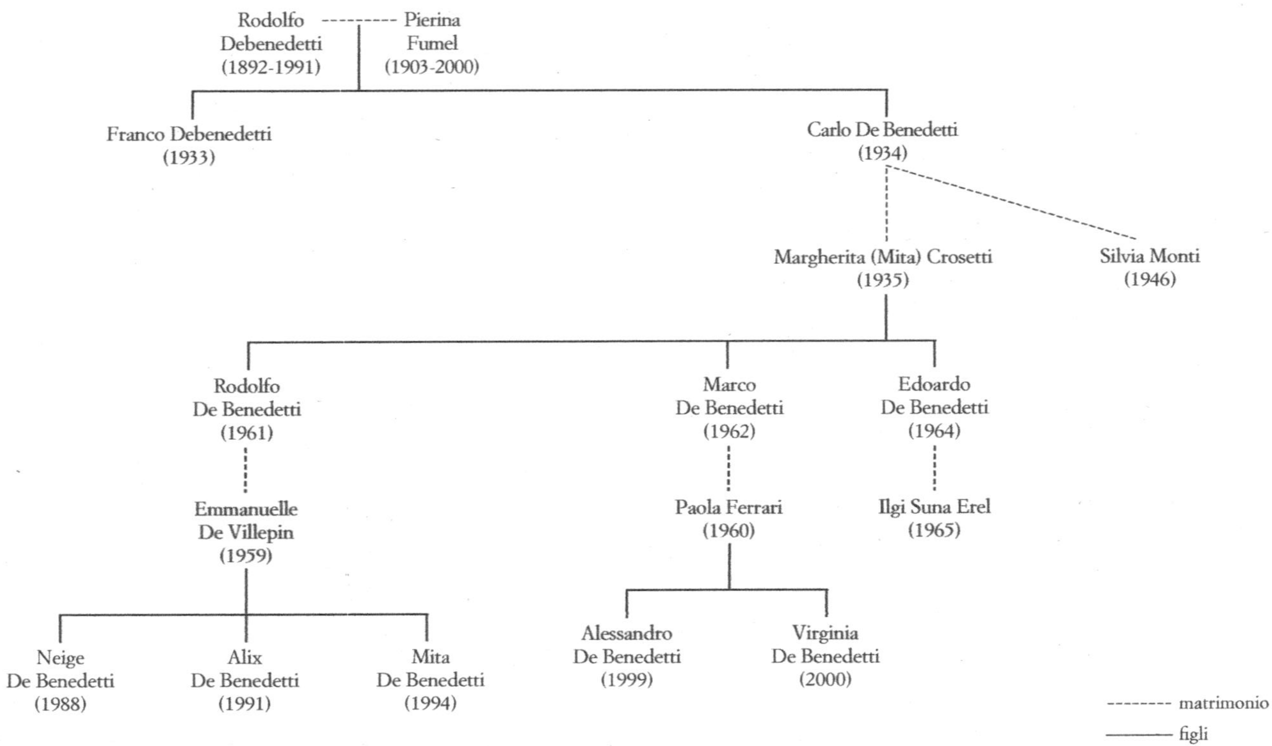

La dinastia cominciata producendo tubi. E finita producendo un tubo

All'inizio della carriera lo chiamavano «tigre». Ma alla fine si è rivelato una tigre di carta. E la carta si è rivelata pure straccia. Che cosa rimane oggi delle scorribande dell'Ingegnere Carlo De Benedetti? Che cosa rimane dell'imprenditore che «assaltava i cieli della finanza»? Che cosa rimane della potenza del condottiero che scuoteva la Borsa e l'Europa? I tre figli, Rodolfo, Marco e Edoardo, ormai governano sui resti di quello che avrebbe potuto essere un impero, e invece si è rivelato soltanto una promessa mancata. Dentro la Cir, come si chiama da cinquant'anni la società che controlla i patrimoni della famiglia, sono rimaste soltanto due attività: le strutture sanitarie della Kos e la componentistica per auto della Sogefi, o quel che resta di essa dopo le ultime cessioni. Nient'altro, a parte la cassa piena. Di soldi tanti, di industria quasi nulla. Il papà di Carlo, Rodolfo, ha aperto la dinastia imprenditoriale producendo tubi. Ora i suoi eredi rischiano di chiuderla producendo un tubo.

Se uno dice Ferrero pensa al cioccolato, se dice Barilla pensa alla pasta, se dice Lavazza pensa al caffè. Se dice De Benedetti a che cosa pensa? L'Ingegnere è entrato e uscito da ogni settore industriale, senza mai costruire nulla di importante. Senza mai creare qualcosa che sia durato nel tempo. Negli anni Settanta irruppe in Fiat con la voglia di cambiare il mondo dell'auto: se ne andò dopo cento giorni, senza lasciar traccia. Si buttò sull'Olivetti per rilanciare l'informatica, ma nel frattempo l'informatica italiana è morta. Nel 1978 a Cupertino incontrò Steve Jobs, che gli propose di partecipare all'avventura di Apple, ma lui rifiutò. «Che cosa vuole questo capellone?» pensò. «Abbiamo cose più serie da fare.» In effetti: si dedicò alla telefonia mobile, facendo nascere il primo operatore italiano, Omnitel, che però fu venduto ai tedeschi. Provò ad andare alla conquista del Belgio, e se ne tornò con la coda tra le gambe. L'alimentare? Ha comprato Buitoni, ma l'ha subito venduta alla multinazionale Nestlé. L'energia? Ha fondato Sorgenia, ma poi se la sono presa le banche perché non riusciva a pagare i debiti. Insomma, non c'è settore in cui Carlo non si sia cimentato. E non c'è settore da cui non se ne sia andato. A volte con le ossa rotte, a volte con le tasche piene. In ogni caso, lasciando ben poco all'Italia, a parte l'esibizione della sua ricchezza. Che, ovviamente, si è goduto da cittadino svizzero.

E i giornali? A lungo cuore del potere debenedettiano, ora sono finiti pure loro fuori dai confini dell'impero. Venduti, liquidati, fatti a brandelli. E pensare che «L'Espresso-Repubblica» era la vera passione dell'Ingegnere, il gioiello più amato, quello su cui ha investito più energia ed entusiasmo. Ma anche il tesoro di carta, alla fine, si è rivelato soltanto carta straccia. E infatti oggi per i De Benedetti i giornali non sono più nulla, se non il ricordo amaro di uno strappo che ha sconquassato per sempre la famiglia. È proprio attorno alla vendita dell'«Espresso-Repubblica», infatti, che è scoppiata la devastante guerra ereditaria: scontro aperto, furore a mezzo stampa, fiumi di inchiostro e veleni, con il padre all'attacco dei figli, i figli all'attacco del padre, nuore contro suoceri, suoceri contro tutti, e altre baruffe domestiche. Rissa continua, insomma, mentre i giornali, passati in altre mani, non hanno smesso di spegnersi, giorno dopo giorno. Un altro pezzo dell'impero, il più pregiato, finito in macerie.

Eppure sembravano tutti così felici quel giorno di fine ottobre 2012, quando Carlo donò l'intera azienda ai suoi tre figli. Il futuro appariva radioso. Regnava l'armonia, e tutti giuravano sarebbe stata perenne. Per la verità l'Ingegnere aveva già rinunciato alle cariche operative tre anni prima, ma fu solo allora, nell'ottobre 2012, che decise di cedere a Rodolfo, Marco e Edoardo anche la proprietà dell'impero, tutta la proprietà, fino all'ultima azione, fino all'ultima partecipazione. C'è stata pure la riunione ufficiale davanti al notaio Guasti per il «patto di famiglia». Quest'istituto, infatti, come prevede il codice, è un vero contratto fra padri e figli e deve essere siglato alla presenza di tutti gli eredi legittimi. Proprio come se fosse una successione, ma senza il morto. Come se fosse un'eredità, ma con il *de cuius* presente e arzillo.

«Voglio evitare le liti» spiegò l'Ingegnere. E qualche tempo dopo, nel giugno 2016, in un'intervista ribadì con orgoglio: «Ho già sistemato la successione, da vivo e da sveglio per evitare problemi in futuro. Così si fa». Tre anni dopo, invece, sarà lui stesso a mandare tutto all'aria, scatenando la guerra ereditaria. Dal «così si fa» al «così fan tutti», in fondo, il passo è breve.

Quel che è successo lo racconteremo nel dettaglio più avanti. Ma, in sostanza, nell'ottobre 2019, sette anni dopo il passaggio di consegne, e tre anni dopo l'ennesima intervista di autocompiacimento, l'Ingegnere sbottò, accusando i figli di gestire male l'eredità. E lo fece a mezzo stampa. In particolare disse di sentirsi offeso dalla distruzione dei giornali, i suoi amati giornali, che aveva lasciato nelle mani degli eredi con tanta fiducia. Sostenne che Rodolfo e Marco non erano «capaci di fare questo mestiere», cioè gli editori. Che non amavano l'impero di carta. E che lo stavano facendo a pezzi. I figli, ovviamente, si risentirono e risposero per le rime, pubblicamente, a mezzo comunicati. Seguirono ripicche, stoccate, rapporti che non furono mai più gli stessi, incomprensioni e veleni privati che vennero versati in piazza, sotto gli occhi di tutti. Carlo provò pure a ricomprare ciò che aveva lasciato in eredità. O almeno disse di volerlo fare. Fece un'offerta, troppo bassa però. Inaccettabile. Infatti i figli la respinsero («Proposta manifestamente irricevibile») e, quasi per fargli un dispetto, cedettero il tutto a John Elkann, il nipote di Agnelli. L'Ingegnere s'infuriò: «Io quei giornali glieli ho regalati. E mi hanno insegnato che i regali non si vendono...».

Invece i regali sono stati venduti. E poi smontati. Un altro pezzo dell'impero è stato distrutto. E così, alla fine, quel che oggi rimane della dinastia debenedettiana, dopo tanti sogni e proclami, è tutto qui: una danza litigiosa attorno ai resti della gloria che fu. Ci sono imprenditori che non pensano mai a sistemare l'eredità, c'è invece chi ci pensa troppo presto. Il risultato è sempre lo stesso: le famiglie del capitalismo che sembravano destinate a far volare l'Italia finiscono per far volare solo le loro liti e i loro conti in banca, oltre a qualche yacht alle Cayman. Come se non fosse possibile in Italia gestire la successione in modo ordinato, senza sanguinose guerre attorno al focolare. Accade a tanti. Accade anche all'Ingegnere. Del resto, come stupirsi? Carlo si chiama De Benedetti. Suo fratello Franco ha scelto la forma Debenedetti. La nipote Neige firma le foto con la versione ebraica Ben Baruch. Non sono uniti nemmeno sul cognome. Come possono esserlo sul resto?

Yacht e conti in rosso: i segreti dell'Ingegnere

«Sa come dice l'emiro del Dubai? Io giro sulla Maserati, i miei figli gireranno in Ferrari, i figli dei miei figli gireranno in elicottero. Poi i loro figli torneranno a girare in cammello.» E questo lo dice l'emiro del Dubai? «Sì.» Ne è sicuro? «No, ma mi piace pensarlo.»

Massimo Segre è il custode di tutti i segreti della famiglia De Benedetti. Mi riceve nella sua palazzina alla Crocetta, il quartiere più elegante di Torino, in via Valeggio 41, e mi mostra tutti gli uffici, stanza per stanza. Ci lavorano cinquanta persone. All'ingresso, alcuni pezzi storici della Olivetti: le prime macchine elettriche, i prototipi di calcolatore, un esemplare raro di M24 e l'Echos 44 color ruggine dal quale l'8 novembre 1995 fu inviato il primo ordine telematico in Borsa. Qua e là, sparsi sui tavoli, i faldoni con i nomi delle società di famiglia: Fratelli De Benedetti, Cir, Romed, Romed International, Carlo De Benedetti società semplice, Rodolfo De Benedetti srl... Li guardo con curiosità. «Sì, qui ci sono tutti i segreti» sorride. «Ma ovviamente non le dirò neanche una parola.» Ovvio, neanche una parola. A parte, s'intende, le massime dell'emiro del Dubai. O presunte tali.

La famiglia Segre cura gli interessi dei De Benedetti da sempre. Prima a occuparsene era la mamma di Massimo, Franca Bruna Segre, la mitica signora della finanza torinese, morta nel 2014 a ottantotto anni. Al figlio ha lasciato lo studio e una frase che sta scritta su un grande cartello, appeso davanti alla sua scrivania, sopra un acquario con pesci tropicali: «Bisogna farlo subito». Massimo divenne famoso in tutta Italia nell'estate 2023, quando uscì il celebre video delle corna: durante una festa in cui avrebbe dovuto annunciare il suo matrimonio con la fidanzata e convivente Cristina Seymandi, dichiarò invece la fine della relazione per tradimento manifesto. Lo fece davanti a lei. Lo fece davanti a tutti. Lo fece soprattutto davanti a una telecamera. «Sì, quel video lo girò una persona da me incaricata: volevo un documento a mia tutela. Per avere la prova di quello che avevo detto davvero. Ma non doveva diventare pubblico» racconta ora. E perché invece lo è diventato? «Fui costretto ad allegarlo a un atto giudiziario. E guarda caso il giorno dopo uscì in rete...»

Che strano: sembra di sentire un po' di sfiducia nei confronti dei giudici. Proprio in questi uffici. Nel cuore dell'impero dell'Ingegnere, l'editore dei giornali sempre dalla parte della magistratura. Possibile? Possibile. È qui infatti, alle porte dello studio Segre, che nel 2016 venne a bussare la Guardia di Finanza di Torino. Contestava l'omessa dichiarazione, da parte di De Benedetti, di uno yacht da sogno, il *My Aldabra*, 51 metri di stazza, 20 milioni di euro di valore, parcheggiato ai Caraibi e battente bandiera delle isole Cayman. La barca era stata comprata nel 2011, con un leasing, e poi sarà venduta nel 2017 a un oligarca russo. Nel frattempo, però, secondo l'Agenzia delle Entrate, la proprietà non era stata segnalata nella dichiarazione dei redditi. L'Ingegnere ha fatto ricorso, e nell'aprile 2024 ha vinto. Niente multa, niente condanna. Ma intanto tutto il mondo era venuto a sapere che lui aveva uno yacht battente bandiera delle Cayman parcheggiato nel paradiso dei Caraibi. Non fu una gran figura, per un paladino del rigore morale. E per questo l'Ingegnere s'infuriò.

Sono incidenti che capitano ai paladini del rigore morale, soprattutto a quelli che amano le barche di lusso. E CDB le ama molto. A bordo infatti vi ha trascorso parecchio tempo, specialmente d'estate, tanto da arrivare (a suo dire) a fare due volte il giro del mondo. Dopo aver venduto il *My Aldabra*, ha comprato un altro yacht ancora più grande: il *Solo* S701, 72 metri di lunghezza, 63 milioni di valore, suite vip, sala massaggi, beach club, svariati bar, palestra con terrazza apribile, sauna, studio privato, camino ed enorme garage. Praticamente un villaggio vacanze galleggiante. Per farsi notare meglio, appena inaugurato, ha invitato a bordo la giornalista Lilli Gruber, così le foto, nell'estate 2021, sono finite su tutti i giornali di gossip. Qualche mese dopo, però, è uscita la notizia che anche lo yacht *Solo* sarebbe stato messo in vendita. È vero? E la vendita si è conclusa? Pare di sì, anche se il commercialista Segre, custode dei segreti, come promesso non dice nulla. Di sicuro, però, yacht o no, i conti dell'Ingegnere navigano in cattive acque. E per saperlo non c'è bisogno di aprire nessun faldone segreto: basta guardare i bilanci pubblici delle sue società.

Oggi, come abbiamo detto, Carlo De Benedetti non ha più nulla a che fare con la Cir, che ha lasciato interamente ai suoi figli. Ha messo il suo patrimonio al sicuro in un «family office» svizzero. E poi ha creato una società per le sue operazioni finanziarie, che si chiama Romed e ovviamente ha sede qui, nella palazzina della Crocetta di Massimo Segre (che ne è il procuratore). Con questa società l'Ingegnere fa quello che gli riesce meglio: muove i soldi, compra e vende azioni, gioca sui cambi. Purtroppo però, ultimamente, non gli va troppo bene: il bilancio 2022 della Romed, infatti, si è chiuso con una perdita di 43,9 milioni, quello del 2023 con una perdita di 19,8 milioni. Oggi De Benedetti, scrivono i quotidiani finanziari, è come un re Mida all'incontrario: perde soldi in tutti i settori in cui investe, dagli immobili alle tecnologie per curare i tumori, dalla realtà virtuale ai dispositivi per guarire dall'ipertensione. I debiti con le banche continuano ad aumentare: sono arrivati a superare i 118 milioni. E nel corso del 2024 l'Agenzia delle Entrate gli ha pignorato 6,6 milioni di euro per un debito non pagato. Uno smacco.

A pesare sui conti della holding è soprattutto il quotidiano «Domani», fondato da De Benedetti per far concorrenza a «Repubblica». Senza grande successo, però. Primo numero in edicola a settembre 2020, cambio del direttore nell'aprile 2023, con l'addio burrascoso di Stefano Feltri («Sono stato indipendente, forse troppo» ha detto), il «Domani» vende poco e costa troppo: in pochi anni, infatti, ha perso quasi 10 milioni di euro, e l'Ingegnere deve continuare a mettere mano al portafoglio per tenerlo in vita. Non granché per chi, per anni, ha dato lezioni al mondo su come si devono gestire i giornali.

«Ha perso il tocco magico» dice di lui qualcuno. Ma è vero? La cosa certa è che i bilanci della sua cassaforte Romed vengono presentati sempre più tardi nel corso dell'anno. Perché? chiedo al commercialista. «Per non avere giornalisti che scrivono in estate» risponde Segre. E che cosa cambia se i giornalisti scrivono a novembre o dicembre? «È meglio.» Così fate le vacanze tranquilli? «Ma no.» E allora perché? «Non glielo posso dire.» Ma come? «Piuttosto, sa che cosa diceva l'emiro del Dubai?»...

Il triste tramonto del capitalista inutile

Carlo De Benedetti è un cittadino svizzero. Abita a Montecarlo. Ha avuto uno yacht battente bandiera delle Cayman. Però non ha mai smesso di spiegare come bisogna pagare le tasse in Italia. Vere e proprie lezioni di rigore tributario dalla cattedra fiscale di Saint Moritz. E poi montagne di interviste, svariati libri, interventi di ogni tipo per proporre le ricette necessarie per rilanciare il nostro Paese. Peccato che le medesime ricette non si siano rivelate altrettanto efficaci per salvare i pezzi più pregiati del suo patrimonio. E soprattutto l'unità della sua famiglia.

Irruento, sanguigno, passionale, l'Ingegnere è sempre stato dotato di grande intuito, ma di scarsa perseveranza. Quando a metà degli anni Settanta entrò in Fiat come amministratore delegato, era così aggressivo che si guadagnò il nome di «tigre». Sembrava fosse destinato a guidare l'azienda a lungo, invece se ne andò dopo appena cento giorni dicendo: «Non si può costruire auto con dei coglioni». Dei dirigenti sabaudi, evidentemente, non nutriva grande stima. Dell'Avvocato sì, invece. L'Avvocato l'ha sempre ammirato e invidiato, fin da quando lo incrociò per la prima volta, a Torino, in corso Matteotti. Erano vicini di casa. S'incontrarono verso le undici di sera: il giovane Carlo, così ha raccontato lui stesso, stava rientrando da solo, Gianni Agnelli invece rientrava con Anita Ekberg. Lui la guardò estasiato e l'altro gli disse: «Vai a farti una sega». Come primo approccio, non un granché.

Nel 1976, appena uscito dalla Fiat, CDB comprò la Cir, una vecchia conceria quotata in Borsa. A lui interessava per l'appunto la quotazione in Borsa, che infatti tenne, non certo la conceria, che infatti chiuse. Tenne pure l'acronimo Cir, ma gli cambiò significato da Concerie italiane riunite a Compagnie industriali riunite. Da quel momento Cir ha smesso di sfornare pelli e ha cominciato a sfornare soldi. Niente fabbrica, solo finanza. E già in questo primo passo c'è tutta la storia di De Benedetti, che non sarà mai davvero appassionato a nessuna produzione, se non alla produzione di quattrini per sé. Giuseppe Turani, per anni il giornalista a lui più vicino, quello che ne cantò l'ascesa nei favolosi Ottanta, quello che celebrò il suo «assalto ai cieli della finanza», alla fine del suo percorso professionale cambiò radicalmente idea su di lui. Nel 2014 gli dedicò una copertina della rivista che allora dirigeva, «Uomini&Business». C'era la foto dell'Ingegnere e un titolone: *Il capitalista inutile*. «Quello che De Benedetti lascia alle spalle è poca cosa» scriveva Turani. «L'impero industriale che ha sognato per cinquant'anni non ha mai visto la luce. A che cosa è servito al Paese? A niente.»

Non è servito a niente al Paese, eppure il Paese ha sempre avuto un occhio di riguardo per lui. Sarà che già negli anni Settanta strizzava l'occhio al Pci. Sarà che poi si è auto-attribuito la «tessera numero uno del Pd». Ma gli è sempre stato perdonato tutto. È transitato nel fango del Banco Ambrosiano di Roberto Calvi, e ne è uscito indenne (e pure con un bel pacco di miliardi in tasca). È finito agli arresti per Tangentopoli, ma non si è macchiato la reputazione. Ha riempito le poste di inutili telescriventi, ma l'ha fatta passare quasi per un'opera buona. Ha ceduto pezzi importanti della tecnologia ai tedeschi, ma ovviamente l'ha fatto per difendere l'Italia.

Ha fatto strage di posti di lavoro, ma lo hanno descritto come un amico dell'occupazione. E infine, come si diceva, ha preso la residenza fiscale in Svizzera e per anni si è concesso il lusso di spiegare come bisogna pagare le tasse in Italia. Nel suo ultimo libro, *Radicalità*, De Benedetti ha osservato amaro che «l'Italia si trova in una stagnazione che prelude alla decadenza», domandandosi preoccupato: «Perché l'Italia dopo tutta questa crescita non cresce più?». Già: perché non cresciamo più? Forse, per avere una risposta, basterebbe che si guardasse allo specchio.

Non cresciamo più perché i celebrati eroi del capitalismo familiare, quelli che dovevano far grande l'Italia, in realtà hanno fatto grande solo il loro conto in banca. Marco Borsa, maestro del giornalismo economico, lo diceva già trent'anni fa: «De Benedetti» scriveva «è il più bravo a tuffarsi nella finanza speculativa. Il più bravo a spogliare i risparmiatori. Il più bravo a ottenere il massimo dal mercato dando il minimo». In effetti, è quello che ha sempre fatto. Con ostinazione. Con spregiudicatezza. E anche con successo. Ma adesso, arrivato all'ora del tramonto, che eredità lascia? Alla famiglia, le ferite di una lite sanguinosa. Ai figli, un impero dimezzato. Al Paese, nemmeno quello. Solo chiacchiere e polemiche. S'è occupato di tutto: auto, informatica, energia, telefonia, alimentare, editoria. Ha attraversato la storia imprenditoriale dell'Italia. E ha sempre divorato ogni cosa che toccava. Dietro di lui, ora, restano solo deserti e rimpianti. Dice chi lo conosce bene che aveva un'ossessione: costruire nel giro di una generazione quello che gli altri hanno costruito in quattro. Ma lui è riuscito a fare persino di più: non l'ha solo costruito. L'ha anche distrutto.

Spregiudicato e temerario: così lascia i suoi fallimenti in eredità

27 aprile 2015, tribunale di Milano. L'Ingegnere viene convocato come teste. A interrogarlo, l'avvocato Tullio Padovani, che difende l'imputato, l'allora presidente della Pirelli, Marco Tronchetti Provera.

Avvocato: Lei ha memoria di una sentenza del tribunale di Ivrea in data 14 ottobre 1999 e passata in giudicato il 22 novembre 1999?
De Benedetti: No.
Avvocato: Quindi lei non ricorda di che cos'era imputato?
De Benedetti: Non ricordo. Era una cosa irrilevante finita in nulla.
Avvocato: Non è finita in nulla. È finita con una condanna nei suoi confronti per falso in bilancio. Le imputazioni si riferivano ai bilanci della Olivetti 1994, 1995 e 1996 per cifre di 45 miliardi, 60 miliardi e 18 miliardi. Lei non ricorda di aver risarcito Olivetti per quei falsi?
De Benedetti: No.
Avvocato: Eppure l'ha risarcito, così dà atto il giudice a pagina 16 della sentenza. Lei non ricorda nulla di tutto questo?
De Benedetti: No.
Avvocato: Nemmeno di aver risarcito l'Olivetti?
De Benedetti: No.

Non ricordava nulla, l'Ingegnere. Che cosa ci volete fare? La memoria, a volte, ha più buchi dei bilanci aziendali. Quei conti «discussi» dell'Olivetti proprio non li aveva presenti, forse perché la condanna era stata poi revocata, in seguito alla revisione del falso in bilancio, una norma approvata dal governo dell'odiato Berlusconi. Sta di fatto che quel giorno, in tribunale, a lui non venne in mente nulla. Risultato? Una figuraccia. Davanti al giudice.

E dire che quel processo l'aveva voluto lui: fu CDB infatti a denunciare l'allora presidente della Pirelli, Marco Tronchetti Provera, per alcune critiche che quest'ultimo gli aveva rivolto, fra le quali quella di essere stato «molto discusso per certi bilanci Olivetti» e di essere stato «coinvolto nella bancarotta del Banco Ambrosiano». Querela, processo, sentenza: Tronchetti Provera venne assolto e così la denuncia si trasformò in un boomerang, perché dimostrò che quelle accuse erano più che lecite. E da allora dunque tutti possono dire che De Benedetti è stato «coinvolto» nella bancarotta del Banco Ambrosiano e che fu «discusso» per certi bilanci Olivetti. Ancora una volta l'Ingegnere ha giocato d'azzardo. E ha perso.

Non è stata l'unica volta, per altro. Rischiare gli è sempre piaciuto: nella sua vita professionale è stato spregiudicato, quasi temerario, a volte persino capitan Fracassa. E spesso è finita male. Come quando nel 1988 andò alla conquista della Société Générale de Belgique, il gigante del Nord, un concentrato di potere economico e finanziario che valeva un terzo della ricchezza del Belgio: convinto di avere la vittoria in tasca, si presentò a Bruxelles, a casa dei vertici della Sgb, con in mano una scatola di cioccolatini torinesi Peyrano. Poco prima ai giornali italiani aveva detto: «Vado ad annunciare che la ricreazione è finita». Invece se ne tornò a casa con le ossa rotte. Scalata fallita. «Fu una mia sconfitta, ancora più che una loro vittoria» ammetterà. «E anche una sconfitta un po' stupida.»

Di lui dicono che abbia fiuto per gli affari, e probabilmente sarà anche vero dal momento che s'è arricchito come Creso. Però quando stava nascendo «Repubblica», Eugenio Scalfari gli chiese di diventare socio, e lui disse di no perché era convinto che «Repubblica» non avesse futuro. E, come abbiamo già ricordato, quando Steve Jobs gli chiese di partecipare all'avventura di Apple, disse di no perché era convinto che Apple non avesse futuro. In quei momenti il fiuto degli affari dov'era finito? Alle Cayman? Sullo yacht? Pure lui? Si era preso una vacanza? In ogni caso dev'essere un fiuto per gli affari un po' spericolato, oltre che masochista, quello che suggerisce negli anni Settanta di entrare nel Banco Ambrosiano di Calvi e non nella Apple di Steve Jobs...

Però bisogna essere onesti: il coraggio, sui mercati, all'Ingegnere non è mai mancato. Ex alpino, nella sua vita ha scalato più aziende che montagne. La prima scalata, per altro, la fece all'interno della sua stessa famiglia: pur essendo il secondogenito, infatti, scalzò il fratello maggiore, Franco, nella fabbrica paterna. «Nel 1968 mio padre mi regalò un portachiavi con un fischietto d'oro e disse: ho deciso che tu sei il capo» ha raccontato Carlo. Il primogenito Franco ci rimase male, ovviamente, ma restò lì, a lavorare all'interno dell'azienda. E Carlo che fece? Lo sospese tre mesi per punizione, perché aveva partecipato a una manifestazione di piazza insieme agli operai. Da allora i rapporti fra i due fratelli sono rimasti freddi fino a quando, nel 1992, Franco ha abbandonato il mondo dell'impresa per entrare in Parlamento, ovviamente nelle file del centrosinistra. Ha fatto tre legislature. Poi l'hanno lasciato a casa. Carlo ha provato a sponsorizzarlo per una quarta candidatura, chiamando l'allora segretario dei Ds Piero Fassino. Ma quest'ultimo è stato tranchant: «Ah no, *navuma basta*» disse in piemontese. Ne abbiamo abbastanza.

La vera passione di Franco sono i libri, lo studio, la teoria dell'impresa. La vera passione di Carlo, invece, sono i raid in Borsa. Non l'unica, si capisce. Come tutti i miliardari chic, l'Ingegnere ama anche il buon vino e non a caso ha una delle sue residenze a Dogliani, in provincia di Cuneo, patria del dolcetto. Ovviamente CDB ama anche gli orologi di lusso, soprattutto Rolex e Patek Philippe da collezione. Però, essendo originale in fatto di gusti, non disdegna nemmeno qualche variazione sul tema un po' più fricchettona: a quarantacinque anni (dunque nel 1979) si è fatto tatuare una farfalla sul polso. «Ero a Hong Kong, una domenica, e non sapevo cosa fare...» ha raccontato anni dopo. Tifa Juve, colleziona (da ebreo) barzellette sugli ebrei e ama il mare. Ma, come dicevamo, la sua vera passione è sempre stata quella di far soldi. Anzi, di far soldi con i soldi. In ogni modo.

Il 16 gennaio 2015, per esempio, ha chiamato il suo agente e gli ha chiesto di comprare i titoli delle banche popolari. L'allora premier Matteo Renzi, infatti, gli aveva annunciato che il governo avrebbe presto fatto un decreto. «Se il decreto sulle banche popolari viene approvato, le azioni salgono?» domandò l'Ingegnere. Sì, rispose l'agente. E allora lui ordinò di procedere con l'acquisto. Così la finanziaria di De Benedetti comprò azioni di banche popolari per 5 milioni di euro, realizzando in un amen un guadagno netto di 600.000 euro. Il 20 gennaio, come volevasi dimostrare, il governo varò il decreto. CDB ha usato informazioni riservate per guadagnare in Borsa? Ha cioè fatto quello che si chiama insider trading (un reato)? No, ha stabilito la procura, aprendo e archiviando in fretta l'inchiesta. Niente insider, nessun reato. L'Ingegnere, per altro, sostiene non si trattasse nemmeno di informazioni riservate. «Era un segreto di Pulcinella, ne parlavano tutti» ha spiegato. E, anzi, ascoltato dalla Consob, l'organo di vigilanza della Borsa, ha approfittato dell'occasione per vantarsi dei suoi rapporti di confidenza con il premier: «Quando Renzi è arrivato a Palazzo Chigi ha instaurato questa abitudine di vedermi alle sette del mattino. E, quando mi sembrava il caso, gli dicevo: sei un cazzone». Spregiudicato in tutto, l'Ingegnere, anche nelle parole. «Del resto sono l'ultimo grande vecchio che è rimasto in Italia...»

Però, l'ultimo grande vecchio ora deve fare i conti con ciò che lascia. E il bilancio è chiaro: ogni volta che, nella sua vita, è uscito dal campo della finanza e si è buttato su quello dell'industria, la sua spregiudicatezza si è scontrata drammaticamente con la realtà. E ha avuto la peggio. Infatti, come abbiamo visto, non gli è andata bene con la Fiat. Non gli è andata bene con l'informatica. Non gli è andata bene con l'alimentare. E soprattutto non gli è andata bene con l'energia. Nel marzo 2014 Sorgenia, creata nel 1999 dopo le liberalizzazioni del ministro Bersani e subito diventata l'attività più importante di tutta la Cir per fatturato, è stata ceduta alle banche, con cui era arrivata a cumulare un debito complessivo di 1,8 miliardi di euro. Non sapendo più come farvi fronte, i De Benedetti hanno consegnato, direttamente, tutta l'azienda agli istituti di credito: un po' come quando uno non paga il mutuo e quelli si prendono la casa.

Sorgenia, per altro, rivenduta e rimessa in pista, è tornata oggi a essere una bella realtà industriale, con 3 miliardi l'anno di fatturato e bilanci in utile. E allora la domanda è inevitabile: come mai l'Ingegnere, che spiega sempre come far funzionare l'Italia, non è riuscito a far funzionare la sua attività più importante? Come mai ha fallito in un settore in crescita come quello dell'energia? Com'è che gli sono sfuggiti, sotto gli occhi, 1,8 miliardi di debiti? Come ha fatto a non vederli? Lui, per giustificarsi, non ha trovato di meglio che scaricare tutto sul figlio: «Sorgenia è andata male, ma io non me ne sono mai occupato» ha detto. «È un'azienda di Rodolfo.» Così vanno le cose nelle sconquassate famiglie del capitalismo italiano. Si passano di padre in figlio pure le colpe dei fallimenti. E lo scaricabarile diventa la vera eredità.

Casa De Benedetti: figli, nuore e baruffe familiari

La leggenda narra che nelle calde estati degli anni Ottanta, fra un raid in Belgio e un'incursione in Svizzera, l'Ingegnere radunasse l'intera famiglia in Sardegna, nella splendida villa Rocky Ram, sulla scogliera di Romazzino, poco lontano dalla dimora dell'Aga Khan. Qui pare tenesse lezioni di economia ai suoi tre figli, Rodolfo, Marco e Edoardo. Così racconta uno dei libri (*Eredi* di Paolo Mazzanti e Giancarlo Mazzucca) che a quel tempo celebravano le famiglie del capitalismo e la loro gloriosa cavalcata nell'economia rampante. Ora, io non so se sia vero ma, se lo fosse, forse spiegherebbe un po' delle tensioni che si sono poi scatenate in casa De Benedetti. Negli anni Ottanta, infatti, i tre rampolli avevano vent'anni. Erano in vacanza in Sardegna. Avevano a disposizione una villa con diciannove stanze e svariate piscine integrate nel mare. Probabilmente volevano starsene lì, a sguazzare nell'acqua e a crogiolarsi al sole. O, ancor di più, avevano voglia di uscire per vedere amici e ragazze. E invece venivano inchiodati dal padre che li indottrinava, così narrano i cantori, con sermoni sull'andamento del dollaro e sullo sviluppo dell'industria elettronica. Non sarà proprio in quel momento che i figli hanno cominciato a covare risentimento nei confronti dell'illustre genitore? Non sarà proprio in quelle calde estati che si sono poste le basi per le future, e furibonde, liti familiari?

Quando nel 2012 la villa da sogno è stata venduta a un oligarca russo, i tre eredi dell'Ingegnere erano ormai ex ragazzi di cinquant'anni. Con una vita professionale ben delineata. Il primogenito, Rodolfo, ha seguito le orme del padre, entrando, un po' di malavoglia, nel gruppo, e finendo per scontrarsi apertamente con lui. Il secondo, Marco, ha scelto lo stesso mestiere del padre, ma con lui si è scontrato fin dall'inizio, e così ha deciso di proseguire la sua attività per lo più al di fuori dei confini dell'impero. Il terzo, Edoardo, ha invece percorso tutt'un'altra strada: fa il medico in Svizzera, specializzato in medicina interna e cardiologia, ed è diventato un luminare della cardiologia interventistica. Di lui non si sente mai parlare: non rilascia interviste, non compare sui giornali. Ma, forse proprio perché ha scelto una professione così diversa da quella del padre, è l'unico che ha mantenuto con lui rapporti sempre buoni. Ed è quello che gli è stato vicino durante le malattie che lo hanno colpito negli ultimi anni.

Rodolfo, Marco e Edoardo, i tre rampolli di Carlo, sono soci nella Fratelli De Benedetti spa, la società che controlla l'ex impero del padre, quello della Cir (cliniche sanitarie, componentistica per auto e soldi). Nella società c'è anche la loro madre, la prima moglie dell'Ingegnere, Margherita Crosetti detta Mita, con cui tutti e tre i figli hanno mantenuto un legame molto stretto a livello personale e anche a livello societario. Fra di loro hanno infatti stipulato un patto parasociale che scadrà nel 2027. Anche i rapporti fra i tre fratelli sono solidi, nonostante le diversità. Quelli con il padre, invece, burrascosi. E a complicare ulteriormente le cose ci si sono messi pure i matrimoni di Rodolfo e Marco. Le due nuore dell'Ingegnere, infatti, non potrebbero essere più diverse l'una dall'altra, e questo non ha certo giovato all'armonia familiare. Tutt'altro.

Rodolfo è sposato con Emmanuelle de Villepin, discendente di una delle famiglie più importanti della Francia, cugina di un ex primo ministro transalpino. Di mestiere fa la scrittrice, è esile, bionda, charmant, molto inserita nei salotti chic e nei circoli della sinistra, dove presenta i suoi libri e le sue iniziative benefiche insieme alla primogenita che si chiama poeticamente Neige. Marco invece è sposato con Paola Ferrari, ex attrice di fotoromanzi per «Grand Hotel», ex centralinista di *Portobello*, poi conduttrice televisiva di trasmissioni sportive di successo (*La domenica sportiva*, *90° minuto*), conosciuta grazie ad Alba Parietti. È molto vicina al mondo di centrodestra, socia e amica di Daniela Santanchè, protagonista delle riviste di gossip. Nonostante l'età non più giovanissima, non esita a mostrarsi in sexy bikini e a rilasciare interviste che fanno discutere. Inutile dire che non è lei la nuora con cui l'Ingegnere ha legato di più.

«L'Ingegnere? Non faceva il tifo per me» ha raccontato infatti Paola Ferrari al «Corriere della Sera». «All'inizio pensava che fossi una delle tante, che me ne sarei andata in fretta. Quando ha capito che potevo restare non è stato molto carino, mi ha lanciato più frecciatine.» L'intervistatrice ha chiesto all'illustre nuora come furono le presentazioni a casa De Benedetti. E lei ha risposto: «In montagna, in una casa stupenda, accolta da camerieri in guanti bianchi. Io che arrivavo da un contesto diverso ero colpita, ma quel mondo non mi ha cambiata. A Marco ho detto subito che con me si poteva scordare le cene di rappresentanza. A casa invito solo gli amici».

Emanuelle e Paola sono come il giorno e la notte. Una scrive romanzi sulla vita che scorre, l'altra al massimo racconta qualche terzino che corre. Una conduce una vita riservata, l'altra si fa fotografare in pose hot in spiaggia. Una è pacata e silenziosa, l'altra è sanguigna e rumorosa. Una fa le vacanze in Engadina in compagnia di un bel libro, l'altra in Kenya in compagnia di Briatore. Una si schiera con la sinistra milanese del sindaco Pisapia, l'altra si candida con la destra di Francesco Storace. Una cerca di ricucire i rapporti di casa De Benedetti, l'altra s'infila a testa bassa negli strappi. Come quando l'Ingegnere, nell'aprile 2023, ha criticato Giorgia Meloni definendo la premier una «figurina» che fa «baracconate» e dà segni di «demenza». La nuora Paola è subito insorta. «Prendo le distanze da quello che ha detto il nonno dei miei figli» ha attaccato. Poi ha aggiunto che quelle parole «disgustose, gravi, offensive e inopportune» l'hanno turbata e ferita. E ci ha tenuto a precisare: «Io con la famiglia di mio marito ho un rapporto molto distante da parecchi anni...». Ci era venuto il sospetto, in effetti: Paola da una parte, la famiglia del marito dall'altra. E il marito, da che parte sta?

Marco, così simile al padre (ma sempre in lite con lui)

Il marito di Paola è Marco, il secondogenito di Carlo De Benedetti. Quello che gli assomiglia di più. Fisicamente è la fotocopia del padre. Caratterialmente pure. Stessa esuberanza, stesso temperamento, stesso narcisismo. «Marco ha un carattere molto simile al mio» ha detto l'Ingegnere. «Sì, abbiamo tratti in comune» ha ammesso lui. Tratti decisi, determinati, quasi spavaldi. E forse è proprio per questo che i due sono entrati spesso in rotta di collisione. Il primo scontro fu su Tim. Poi arrivò «Repubblica». Prima si trattava di scossoni sotterranei. Poi sempre più palesi. E dunque difficili da negare. Infatti Marco lo ha ammesso: «Mio padre ha una personalità molto forte, ma anche io non sono da meno» ha detto. «Credo che sul lavoro i rapporti tra genitori e figli siano quasi sempre difficili.» Sì, sempre difficili. A volte anche esplosivi.

Marco è nato a Torino nel 1962. Negli anni Settanta ha studiato in Svizzera, a Ginevra, dove De Benedetti aveva trasferito i figli per paura di rapimenti e terrorismo. Dopo il liceo avrebbe voluto iscriversi a ingegneria, per seguire le orme paterne, ma non superò l'esame di ammissione al Politecnico svizzero. Almeno, questo è quello che raccontò anni fa suo padre, ma non è chiaro se si trattasse solo dei primi veleni di un rapporto destinato a consumarsi sempre di più. In ogni caso Marco, il figlio più simile all'Ingegnere, non è mai diventato ingegnere: si è laureato in storia ed economia alla Wesleyan University, nel Connecticut. Poi ha fatto il master in Business Administration a Filadelfia e ha iniziato a lavorare in una multinazionale americana, la Procter & Gamble. Nel 1990, a soli ventotto anni, è stato richiamato in Olivetti: il padre lo voleva al suo fianco per affidargli il marketing. Ma lui si è appassionato quasi subito alle telecomunicazioni: prima la telefonia fissa, con Infostrada; poi quella mobile, con Omnitel. Quasi una vocazione.

Omnitel è stato il primo gestore privato di telefoni. Il

primo a fare concorrenza all'allora monopolista Tim. La licenza venne rilasciata il 28 marzo 1994, il giorno dopo le elezioni vinte da Berlusconi. A Palazzo Chigi c'era ancora Carlo Azeglio Ciampi, che da presidente del Consiglio uscente firmò la concessione in tutta fretta, prima di passare le consegne al Cavaliere. Una fortuna per l'Ingegnere. E una fortuna soprattutto per il figlio dell'Ingegnere che da quel momento, per un decennio, si dedicò anima e corpo allo sviluppo del progetto. Ebbe intuito e capacità. Omnitel nacque, crebbe, ebbe successo. Poi però fu venduta ai tedeschi. La comprò infatti la Mannesmann. L'allora amministratore delegato di Olivetti, Roberto Colaninno, incassò i soldi della vendita e li usò per scalare Telecom. Fu la famosa Opa (offerta pubblica di acquisto) del 1999, quella, per intenderci, dei capitani coraggiosi di dalemiana memoria. L'Ingegnere non era d'accordo: «Progetto senza senso» disse a Colaninno. Ma Colaninno andò avanti lo stesso, a costo di rompere con quello che fino ad allora era stato il suo mentore e la sua guida. E di fronte a questa rottura, Marco De Benedetti, il pargolo fotocopia dell'Ingegnere, con chi si schierò? Con il genitore tradito o con il traditore Colaninno? Trovate la risposta e capirete perché da allora padre e figlio hanno sempre avuto rapporti burrascosi.

Marco scelse Colaninno, lo seguì in Telecom, divenne responsabile di Tim. La cosa fece infuriare non poco CDB che pubblicamente, a proposito della scelta di Colaninno, parlò di «legittima delusione». E in privato, probabilmente, usò parole ancora più forti. A quel tempo, però, a fine anni Novanta, le famiglie del capitalismo italiano non erano solite lavare in piazza i panni sporchi. Non come oggi, almeno. Per questo, quando l'Ingegnere nel 1999 pubblicò il libro-intervista *Per adesso*, scritto a caldo dopo la scalata Olivetti-Telecom, con la ferita ancora sanguinante, commentò l'intera vicenda senza mai citare il secondogenito. Anzi, lo fece sparire proprio dall'intero volume, riservandogli soltanto due piccole citazioni molto marginali, di cui una nei formali ringraziamenti finali. Un segnale chiaro, insomma: non si fanno piazzate, ma l'amarezza è grande. «Il primogenito Rodolfo ha deciso di seguire la mia strada» si compiaceva in quelle pagine l'Ingegnere. Il secondogenito Marco no. Il secondogenito Marco già allora aveva deciso di seguire strade diverse. E quindi meritava di essere seppellito sotto una montagna di severi silenzi.

«I miei figli hanno fatto un bel disastro»

Peccato che Marco De Benedetti, guascone come il padre, i silenzi non li ami proprio. Per carattere, oltre che per il matrimonio con una donna da rotocalchi e tv, è abituato a far rumore. A star sulla scena. A essere protagonista. Interviste, red carpet, feste, gossip, polemiche a suon di insulti con le trasmissioni televisive (accusò il responsabile delle *Iene* di essere una «merda» per un servizio sulla moglie: anche nelle espressioni forti evidentemente assomiglia al padre). L'esposizione sui social, poi, a volte è financo sconsiderata: fra fotografie di tramonti, viaggi, e mari meravigliosi, sui suoi profili appaiono infatti alcuni di quei messaggi virali non proprio eleganti che affollano (fin troppo) la rete. Come quello che dice ai cacciatori: «Auguro alle vostre mogli di prendere più uccelli di voi». Oppure: «Le donne vivono di più perché non hanno moglie». Frasi degne dell'erede di una delle grandi dinastie imprenditoriali italiane? Del resto Marco è fatto così. Gli piace dire, apparire, stupire. Come il padre, non ha paura di rompere gli schemi. Come il padre, non ha paura di attirare critiche. Nel 2018, per esempio, da presidente dell'editoriale «Repubblica», stava trattando con la redazione un piano di tagli da 15 milioni di euro. In quei giorni pubblicò alcune sue foto di un piacevole weekend a base di tartufi pregiati e vino Château Lafite da 800 euro a bottiglia. Risultato: trattativa interrotta.

Marco condivide con il padre anche la passione per gli yacht. Dalla quale passione, però, ha avuto, pure lui, qualche dispiacere. Il suo *Sirahmy*, un 43 metri costruito dal rinomato cantiere navale Benetti, comprato da Flavio Briatore e finemente ristrutturato, infatti, nel 2019 è rimasto diverse settimane fermo, pignorato nei cantieri di Marina di Carrara, per ordine del tribunale di Massa. Era stato contestato un debito di 615.000 euro per lavori di manutenzione non pagati. Tutto si è risolto rapidamente: giusto il tempo di far infuriare Marco per la pubblicazione della notizia. Proprio come era successo qualche anno prima a papà Carlo.

Così simili, così inconciliabili. Marco, dopo la rottura con il padre per la vicenda Olivetti-Telecom, ha fatto tutta la sua carriera fuori dai confini dell'impero familiare. Prima in Tim, poi, dopo il 2005, nella società di investimento globale Carlyle Group, della quale è ancora oggi uno dei massimi dirigenti. La sua strada è tornata a intrecciarsi con quella della famiglia soltanto nel 2012, quando il padre ha ceduto ai tre figli tutte le azioni del gruppo. Prima è rientrato solo come azionista, senza incarichi operativi. Poi, nel 2017, è tornato anche ad assumere un ruolo diretto nella gestione. E che ruolo: è subentrato infatti al padre niente meno che sulla poltrona di presidente della società editrice del gruppo. «Quando gli ho annunciato la decisione, mio padre ne è stato entusiasta» ha raccontato Marco. L'entusiasmo, però, ammesso che fosse sincero, è durato assai poco. Dopo due anni, infatti, fra i due è arrivata la rottura. Un'altra. Clamorosa. E questa volta sotto gli occhi di tutti.

«I miei figli hanno fatto un bel disastro. Capisco che non amino i giornali: smettano però di distruggerli» s'è lamentato infatti CDB nell'ottobre 2019 in un'intervista al «Corriere della Sera». Messaggio duro per tutti e tre i rampolli, ma soprattutto per Marco, suo successore diretto come presidente della società editrice. E infatti Marco ha risposto subito, con una lettera ai dipendenti in cui ha definito quello del padre un attacco «personale» e «doloroso», accusandolo di diffondere «giudizi infondati e gravi». Ovviamente la lettera di De Benedetti junior è finita su tutti i giornali, come naturalmente da tutti i giornali era stata ripresa l'intervista di De Benedetti senior. Il nuovo scontro tra i due, vent'anni dopo il caso Telecom, non viene più coperto dal silenzio, ma fa rumore. I panni non vengono più lavati in casa, ma in piazza. Ormai l'era del riserbo è finita per sempre. Ora tutti possono vedere come il capitalismo familiare affronta le successioni dinastiche: non solo perdendo i pezzi, ma perdendo pure la faccia.

Rodolfo, testa bassa e pedalare: ma per andare dove?

Eppure ci hanno provato. Ci hanno provato a gestire la successione in modo meno rumoroso. In modo meno devastante. Soprattutto ci ha provato Rodolfo, il primogenito, l'erede designato, il pupillo di casa. Nel 2006 ha trascinato suo padre Carlo ad Harvard, alla Business School della prestigiosa università del Massachusetts, per un corso intensivo destinato proprio alle famiglie di capitalisti impegnati nel passaggio generazionale. Per capire come fare. Come non fare. Come non sbagliare. Una settimana rinchiusi tutti e due insieme: sveglia alle sei, lezione alle otto e trenta, cena alle diciannove, a letto alle ventitré. Titolo del corso: «*Families in business. From generation to generation*». Costo: 25.000 euro. Tanti soldi. Ben spesi? A giudicare da quel che è successo a casa De Benedetti, si direbbe di no.

Del resto la successione era partita male fin da subito. Dice chi lo conosce bene che Rodolfo stava benissimo a New York, era felice di rimanere là, fra i lupi di Wall Street, quando nel 1988 suo padre lo richiamò in Italia per inserirlo per la prima volta, a ventisette anni, nell'organigramma del suo impero. Nato nel 1961 a Torino, trasferito anche lui in Svizzera, a Ginevra, per ragioni di sicurezza, Rodolfo si era laureato in economia giovanissimo, a ventun anni. Poi, anziché andare a lavorare, aveva deciso di continuare a studiare per prendere una seconda laurea e si era iscritto a giurisprudenza, dove guarda caso era iscritta anche una bellissima francese, di nome Emmanuelle de Villepin, che diventerà sua moglie. Rodolfo prese la seconda laurea in legge a ventiquattro anni e quindi cominciò la carriera professionale: prima entrò in una banca di Ginevra, poi, con Emmanuelle, volò a New York dove visse in pieno, a metà degli anni Ottanta, la stagione degli yuppie, dei lupi di Wall Street. Stagione molto impegnativa, molto adrenalinica. Finanza pura. La sua passione.

Quando il padre lo richiamò in Italia, lui avrebbe voluto rifiutare. Sarebbe rimasto volentieri là. Tornò un po' controvoglia, per dovere e senso di responsabilità. E si conquistò subito meriti nel campo familiare. Così nel 1993, appena cinque anni dopo e appena trentaduenne, venne promosso amministratore delegato della Cir, l'holding di papà. E anche in quella occasione accettò con poco entusiasmo. Non si sentiva pronto. Non ne aveva voglia. Avrebbe preferito aspettare. Per questo andò a chiedere aiuto a Bruno Visentini, già ministro della Repubblica, grande intellettuale, figura carismatica del mondo debenedettiano e consigliere di famiglia. «Bruno, sono troppo giovane per quel ruolo» gli disse. Ma quello gli rispose: «Tranquillo, è un difetto che passa con il tempo».

Se Marco è la fotocopia del padre, Rodolfo ne è l'opposto. Tanto l'Ingegnere è passionale, tanto lui è razionale. Tanto l'Ingegnere è impulsivo, tanto lui è riflessivo. Tanto l'Ingegnere è vulcanico, tanto lui è misurato. Tanto l'Ingegnere ama apparire, tanto lui è riservato. Una volta gli hanno chiesto perché rilascia poche interviste e lui ha risposto: «Ne rilascia già fin troppe mio papà». L'esposizione mediatica dell'illustre genitore non gli deve piacere granché. Le esibizioni pubbliche nemmeno. «Io non ho quel gusto» ha detto. In effetti Carlo, a ottantasette anni suonati, è stato ancora paparazzato sulla tolda di uno yacht. Di Rodolfo in barca non esistono immagini, tanto meno in compagnia di Lilli Gruber. Lui ama la bicicletta, fa maratone alpine, scalate durissime, imprese massacranti. Si crogiola nel sudore. Dicono che in giovane età fosse un asso nello sci alpino. Poi è passato al fondo perché, dice, con lo sci di fondo si fa più fatica. Ci tiene a far sapere che rigore, resistenza, autodisciplina sono le sue regole, ispirate a sani principi di elvetico calvinismo. Principi, però, che non gli hanno evitato di finire nei Panama Papers, la lista delle società con sede nei paradisi fiscali pubblicata dall'«Espresso» nel 2016: è risultato infatti amministratore della McIntyre holding Ltd, registrata nel 1995 alle Isole Vergini Britanniche. «È chiusa da molti anni» si è giustificato lui, spiegando che la gestione dei patrimoni di famiglia all'estero era stata regolarizzata con il fisco nel 2003. Prima, evidentemente, il rigore calvinista non c'era. O non contava.

A differenza del padre, non ama Roma. Non ama la politica. Non ama le manovre di potere. Infatti non frequenta Confindustria e non interviene a Cernobbio. «Non ti capiterà mai di trovare un ministro a casa sua» dice chi lo conosce bene. Però è molto legato a circoli internazionali, sente quotidianamente gli analisti della City, è orgoglioso di far parte dell'European Round Table for Industry, la lobby delle sessanta superaziende (da Roche a Solvay, da Basf a Siemens) che cercano di influenzare le decisioni dell'Unione europea. Sempre sottotraccia, però. Sempre in silenzio. Mentre l'Ingegnere ha passato la vita a fare esternazioni a tutto spiano, di lui si ricordano solo due timide uscite in campo politico: un intervento all'Istituto Bruno Leoni, fra i liberisti puri, e la firma online su una petizione per le unioni civili, insieme alla figlia Neige. A differenza del fratello, non ama le auto di lusso, ma gira su modelli vecchi: la leggenda racconta che, quando già era ai vertici dell'impero, comprò un'Audi di seconda mano. Ovviamente non frequenta la vita Smeralda: né Capri né Porto Cervo, al massimo Capalbio, ma senza farsi vedere nei ritrovi chic. Piuttosto, lungo le stradine dell'entroterra, sempre in bicicletta. Testa bassa e pedalare. Ma per andare dove?

L'insostenibile leggerezza dell'impero

Quando gli passò la mano, il padre disse: «Rodolfo è una sicurezza». Ma sicurezza di cosa non l'ha capito nessuno. Nemmeno l'Ingegnere. Infatti, da quando Rodolfo è alla guida, l'impero non fa altro che perdere pezzi. Il rampollo designato non ha mai creato nulla di davvero duraturo. Al massimo ha venduto. O distrutto. «Continuiamo a puntare su Sorgenia, resta un caso di successo» disse in una delle sue rare interviste («Repubblica», 31 ottobre 2012). Due anni dopo Sorgenia scoprì di avere accumulato 1,8 miliardi di debiti, senza sapere come fare a pagarli: se la portarono via le banche. «Tutta colpa di Rodolfo» si lamentò l'Ingegnere scaricando le responsabilità sul figlio. Per Rodolfo, però, Sorgenia «resta un caso di successo». Affermazione che fa un po' ridere, per la verità. Fa ridere almeno 1,8 miliardi di volte.

In quella stessa intervista Rodolfo disse anche: «Non ho mai pensato a una cessione dell'"Espresso"». E aggiunse: «Considero l'editoria una parte integrante e irrinunciabile del nostro portafoglio di partecipazioni. Vorrei che mi si credesse non perché lo dico, ma perché lo faccio». Altra dichiarazione piuttosto infelice. Infatti, come è noto, qualche anno dopo quell'intervista «L'Espresso» è stato venduto. Rodolfo non l'ha detto, in effetti, l'ha fatto. Ma il contrario. Ha fatto l'esatto contrario di quel che aveva promesso. E a questo punto bisogna dirlo: l'erede designato sarà pur serio, sobrio, riservato, riflessivo, misurato, ma quando parla delle sue aziende sembra meno attendibile del padre. Cosa che, sinceramente, pareva impossibile.

Forse è per questo che Rodolfo rilascia poche interviste. Forse non è timidezza, né riservatezza, è solo un tentativo di limitare i danni. Ogni volta che parla, infatti, si espone a brutte figure. Il 26 aprile 2017 si fa intervistare da Bloomberg: «L'impegno del nostro gruppo nel settore dei media è di lungo periodo» assicura. Il 10 dicembre 2019 annuncia: «Il nostro gruppo esce dal settore dei media». Più che il periodo, a essere lungo sembra il naso. Come in *Pinocchio*.

Per anni Rodolfo è andato in giro raccontando agli amici la sua prima riunione al gruppo «L'Espresso». «Mi feci consegnare i conti e chiesi ragione dei numeri. Allora un dirigente mi guardò stupito: perché, lei dai giornali ci vuole anche guadagnare?» Ovviamente rispose di sì. E fu il suo modo per dire: deve cambiare tutto. In altre parole: la ricreazione è finita. Vi ricorda qualcosa? In fondo, anche senza cioccolatini, anche se con uno stile diverso, meno sbruffone, Rodolfo all'«Espresso» ha mostrato un po' di quell'arroganza sfoderata da suo padre in Belgio, tanti anni prima. E, purtroppo, è finita anche allo stesso modo.

Se c'è una cosa che il primogenito ha preso dal genitore, infatti, è l'insostenibile leggerezza dell'impero. Padre e figlio sono diversi in tutto, ma in questo si assomigliano da morire: sanno vendere, ma non sanno costruire. Fanno soldi, ma non fanno crescere il Paese. Amano la finanza, ma smantellano la produzione. La Cir di Rodolfo negli ultimi dieci anni ha perso Sorgenia, che era il pezzo più importante, e ha perso i giornali, che erano il pezzo più pesante. Sono rimaste solo le cliniche sanitarie e la Sogefi, l'azienda di componentistica per auto. Anche quest'ultima, però, è stata dimezzata con la cessione della divisione Filtrazione per 331 milioni di euro nel maggio 2024. Ottima vendita, dicono gli esperti. Ma pur sempre vendita. Venti giorni dopo la Cir ha ceduto anche un complesso immobiliare nel centro di Milano, fra via Brera e via Ciovassino, tutto attorno al cuore dell'impero, per 38 milioni di euro. Tanti soldi, altri soldi. Soldi su soldi che continuano a entrare in cassa. Ma, alla fine, per fare che?

Nel 2014 Rodolfo ha fondato con l'amico di sempre, Alfredo Piacentini, Decalia, una società finanziaria pura, dedicata alla gestione dei patrimoni, che ormai assorbe buona parte del suo tempo e del suo impegno. Dicono che quella società sia la sua vera passione. Lo è a tal punto che il 9 agosto 2024, in piena estate, lui che non ama parlare in pubblico si è collegato con Decalia per una chiacchierata di circa mezz'ora sulle «strategie di investimento e considerazioni di mercato». La si trova online. Nessun messaggio rivoluzionario, per carità. Solo frasi del tipo «sottolineo l'importanza di essere diligenti» e «vogliamo lavorare con persone che abbiano la competenza». Ordinaria navigazione sulle acque del banal grande, insomma. Però resta il dubbio: mentre lui si occupa, anche il 9 di agosto, della gestione dei patrimoni, a cominciare ovviamente dal suo, che cosa resta del sogno imprenditoriale del nonno e del padre? Di quell'avventura economica cominciata dai tubi? Che cosa resta oltre alla finanza? Dove sono le fabbriche capaci di creare ricchezza e sviluppo per il Paese? Quale attività produttiva, quale passione innovativa è rimasta loro? Che cosa resterà da passare, quando sarà il tempo, alla quarta generazione dei De Benedetti? Per ora dei sette nipoti di Carlo nessuno è entrato nell'azienda di famiglia, o in quel che ne resta. La primogenita di Rodolfo, Neige, scatta foto e scrive, come sua madre. Ha pubblicato un libro per Sellerio e l'ha intitolato *Tubì, tubì.* Non fosse per l'accento, sembrerebbe quasi una beffa.

Dopo di me il diluvio: l'ultima lite con la quasi moglie «Repubblica»

Quando nel 2018 Lilli Gruber chiese all'Ingegnere se fosse interessato a fondare un nuovo giornale, lui rispose: «Mai, sono monogamo. La mia unica moglie è "Repubblica"». E in effetti per anni c'è stata grande passione tra l'Ingegnere e la «moglie» «Repubblica». Attrazione fatale. Coinvolgimento totale. Anche se non era stato amore a prima vista. In principio, infatti, cioè a metà degli anni Settanta, come abbiamo raccontato, CDB non aveva avuto fiducia nel quotidiano che Eugenio Scalfari stava lanciando e non aveva voluto diventarne azionista, preferendo dare solo un piccolo contributo iniziale (per altro con soldi non suoi, ma dell'Unione industriali di Torino). Poi, però, di quel progetto editoriale si era innamorato perdutamente. E quando «Repubblica» raggiunse il massimo del successo e del potere, lui la sposò, facendo di tutto per accreditarsi pure come «fondatore». Non lo era, ma diceva di esserlo, anche in occasioni pubbliche, con un certo goduto autocompiacimento. L'autoproclamazione a padre fondatore è sempre apparsa fuori luogo nella redazione del giornale. Ma il clima di euforia, la vicinanza politica e i soldi che l'Ingegnere aveva successivamente messo nel quotidiano avevano il potere di cancellare ogni perplessità. Finché l'armonia regnava, tutti chiudevano un occhio sulle sbruffonate di CDB.

Lo screzio fra il marito (Ingegnere) e la moglie («Repubblica»), però, era dietro la porta. E infatti arrivò, puntuale, nel 2015, quando De Benedetti venne accusato per la già citata vicenda dell'insider trading sulle banche popolari. In quel momento lui era ancora presidente della società che pubblicava «L'Espresso» e «Repubblica»: aveva lasciato tutte le altre cariche del gruppo, aveva regalato le azioni ai tre figli, ma quella vetrina editoriale se l'era tenuta ben stretta. Nel frattempo frequentava il premier Renzi e faceva affari in Borsa. Cosa che mandò in fibrillazione i giornalisti del quotidiano: cominciarono infatti a sospettare che il loro editore potesse usare informazioni riservate per speculare sui titoli. Perciò uscì un editoriale attribuito all'allora direttore, Mario Calabresi, che prese le distanze da CDB: «Nessun interesse improprio ha mai guidato le scelte giornalistiche di "Repubblica". [...] I rapporti, i giudizi, le iniziative di Carlo De Benedetti sono fatti personali dell'Ingegnere». CDB rispose piccato: «Don Abbondio diceva che uno il coraggio, se non ce l'ha, non se lo può dare». Il comitato di redazione a sua volta replicò con toni duri: il coraggio ce l'abbiamo e non c'è bisogno che qualcuno ce lo ricordi. E a quel punto, nel pieno dello scontro fra marito Ingegnere e moglie «Repubblica», si cominciò a parlare di divorzio.

E infatti, alla fine, divorzio fu. Proprio come avviene nelle liti coniugali: il tran tran quotidiano, per un po' di tempo, riuscì a nascondere i dissidi. Che però continuarono a covare sotto la cenere, destinati a riaccendersi. Così la coppia De Benedetti-«Repubblica», nel giugno 2017, arrivò alla separazione. Carlo lasciò la presidenza della società editoriale del gruppo al figlio Marco, tenendo per sé solo una carica onoraria. E nel novembre dello stesso anno partì all'attacco di Eugenio Scalfari, il mitico fondatore, papà di «Repubblica» e simbolo della medesima, ai suoi occhi colpevole di aver dichiarato in tv che fra Berlusconi e Di Maio avrebbe scelto il primo. «Scalfari è un signore molto anziano, che non è più in grado di sostenere domande e risposte» accusò CDB. E Scalfari rispose a tono: «Dei rimproveri di De Benedetti me ne fotto». E l'Ingegnere di rimando: «Con me deve stare zitto, perché gli ho dato un pacco di miliardi». E Scalfari ancora: «Ha dato 50 milioni su un capitale di 5 miliardi. E comunque i soldi che diede non lo legittimano a proclamarsi fondatore».

Insomma, da una parte De Benedetti, dall'altra il mondo «Repubblica». Proprio come marito e moglie durante le pratiche di separazione: parole di fuoco e piatti che volano. I due litiganti, durante quello scontro, si rinfacciarono pubblicamente di tutto, questionarono sui soldi, si accusarono l'un l'altro di essere vanitosi, rivangarono questioni che sembravano superate. E, come nella guerra dei Roses, cercarono di farsi male a vicenda, tirandosi addosso pezzi di storia, versamenti, fallimenti, capacità, tentennamenti, anche a costo di distruggere la loro reputazione e i loro beni. L'Ingegnere ama «Repubblica»? chiesero a Scalfari. E lui rispose: «Ama "Repubblica" come quegli ex che provano a sfregiare la donna che hanno amato male e che non amano più». Piena sindrome da femminicidio, insomma, seppur di carta.

E in questo scontro aperto, secondo voi, come si schierò il figlio dell'Ingegnere, Marco, quello che gli era appena succeduto sulla poltrona di presidente della società editoriale? Provate a dire: si schierò con il genitore o con Scalfari? Con il finanziatore o con il fondatore? Con il papà o con Barbapapà? Esatto, avete indovinato. Proprio come era successo quasi vent'anni prima con Colaninno e Telecom. Uguale. «Non condivido le critiche di mio padre a Scalfari» dichiarò infatti Marco in un'intervista a «Repubblica». «Vi siete sentiti lei e suo padre?» chiese il giornalista. «No, non ci siamo sentiti. Ma le sue dichiarazioni hanno provocato un grave danno al giornale» rispose lui secco.

Qui si posero le basi per passare dalla separazione tra l'Ingegnere e la moglie di carta alla vera e propria rottura familiare. Nell'ottobre 2019, infatti, Carlo De Benedetti rilasciò quella clamorosa intervista al «Corriere della Sera», di cui abbiamo già parlato, in cui accusava i suoi figli di non sapere amministrare l'eredità che gli aveva lasciato. Parlò di «azienda sconquassata e non gestita», di «una nave senza capitano, in balia di onde altissime». Lo definì «un bel disastro». E annunciò l'iniziativa per riprendersi «Repubblica», l'amata consorte cartacea: un'offerta sottocosto, a prezzi stracciati, che gli eredi giudicarono «inaccettabile» e rimandarono al mittente, pure con un certo sdegno. «Sono profondamente amareggiato e sconcertato dall'iniziativa di mio padre» commentò Rodolfo, scatenando allora l'immediata controreplica dell'Ingegnere: «Trovo bizzarre le dichiarazioni di mio figlio». Tu chiamale, se vuoi, incomprensioni.

Sul perché l'Ingegnere abbia lanciato un'offerta destinata a essere respinta si sono interrogati in molti. Anche persone a lui vicine. Nessuno l'ha capito. CDB sapeva benissimo che la sua proposta non poteva tecnicamente essere accettata, lo sapeva perché non c'è nessuno che conosce i meccanismi finanziari meglio di lui. E allora: perché l'ha fatta? E perché poi non ha rilanciato, come gli era stato suggerito, se davvero voleva i giornali? Nessuno ha mai saputo rispondere. Nemmeno lui. L'unica cosa certa è che da quel momento i suoi rapporti con i figli cambiano. E cambiano per sempre. Da quel momento, all'improvviso, la successione dinastica diventa burrascosa. E sembra invertirsi anche l'ordine naturale delle cose: non sono più i figli che danno del rincitrullito al padre, ma è il padre che dà dei rincitrulliti ai figli. Non sono i giovani che liquidano gli anziani, ma è l'anziano che vuol liquidare i giovani. È un arzillo nonnetto, allora ottantacinquenne, che si scatena per riprendersi il giocattolo, appena lasciato, perché si è pentito. Perché vuole trastullarsi ancora un po'. È il vecchio squalo che divora i suoi figli. È il padre-padrone che prima lascia l'eredità e poi la rivuole indietro. Una mossa romantica, ha detto qualcuno. O forse no, forse di romantico non c'è nulla. Forse c'è solo la sete di potere. Il riflesso della razza predona. Il vizio antico dei nostri campioni del capitalismo che non riescono a gestire il passaggio generazionale perché si credono immortali. Perché sono troppo egocentrici. Perché non sanno pensare al futuro se non nella forma della monarchia assoluta, *après moi le déluge*. Perché gestiscono il loro tramonto come se non dovesse mai più esserci un'alba.

Per la cronaca, il matrimonio è finito male. «Repubblica», «L'Espresso» e i giornali locali, cioè l'intero ex patrimonio editoriale del gruppo De Benedetti, è stato poi venduto agli Agnelli-Elkann, che hanno provveduto a cedere alcuni pezzi, e a smontarne altri. L'Ingegnere, invece, contraddicendo l'impegno alla monogamia preso davanti a Lilli Gruber, ha fondato un altro giornale, chiamandolo con un eccesso di ottimismo «Domani». Ma di domani, nel «Domani», se ne vede poco, per la verità. Come in tutta questa storia familiare. Solo chiacchiere, tante chiacchiere. Parole, troppe, pronunciate a vanvera. E ridotte ormai soltanto a mucchi di carta straccia.

United Dolors of Benetton

Albero genealogico famiglia Benetton

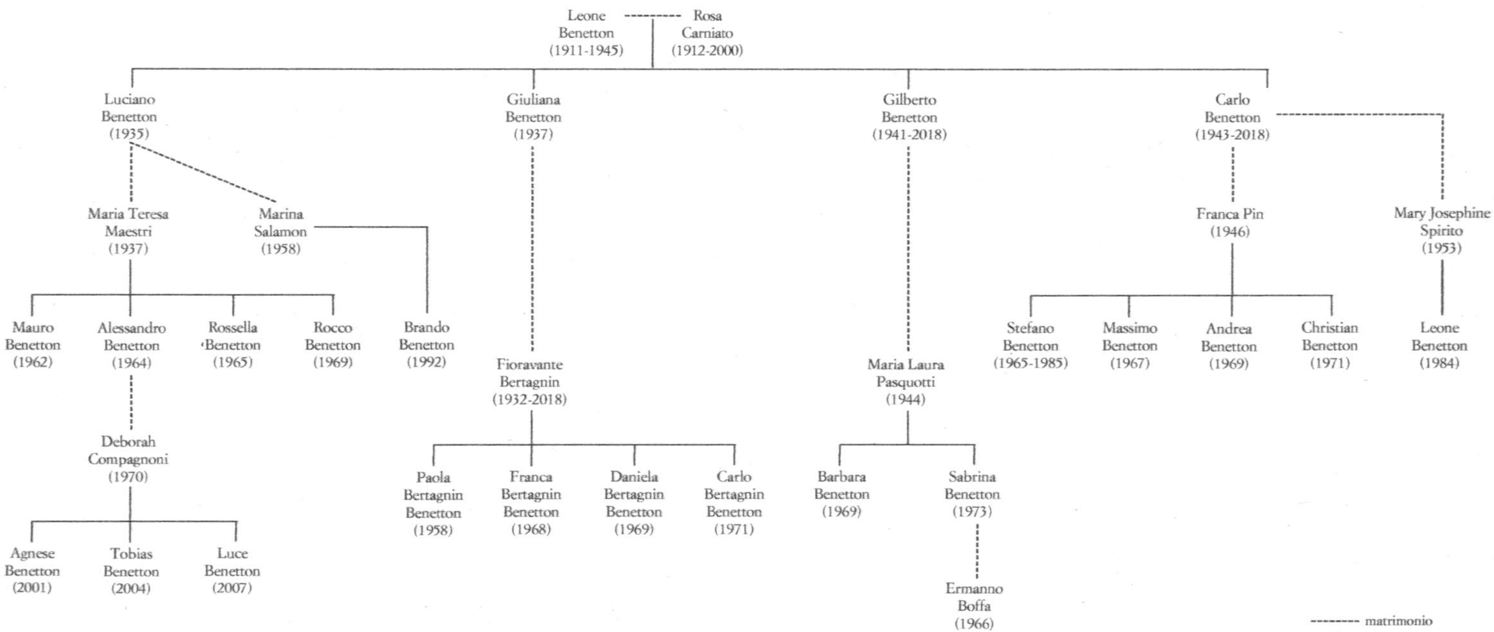

«La famiglia è morta con le feste a Cortina»

Ci prova, Alessandro. Eccome se ci prova. Da quando è diventato, con ritardo di qualche decennio, il nuovo capo della dinastia, al posto di papà Luciano e di zio Gilberto, il rampollo designato dei Benetton fa di tutto per cancellare la vergogna di cui si è macchiata la sua famiglia. Interviste concordate, pagine patinate, frasi contrite e soldi distribuiti ai familiari. Montagne di soldi. Parla di futuro, rinnovabili, sostenibilità, nuove governance, transizione energetica, riassetti e rilanci. Prova a metterci, insomma, una pietra sopra. Ma purtroppo resta sempre l'impressione che quella pietra sia, letteralmente, tombale. Ogni volta che parla, infatti, tornano alla mente quelle quarantatré lapidi. E le lapidi non riescono a far dimenticare lo strazio. Al contrario, lo rinnovano. Ogni volta. Sempre di più.

Agosto 2018. Il ponte Morandi è crollato da poche ore. Quarantatré morti. Quarantatré persone uccise dai lavori non fatti. Dalle manutenzioni saltate. Dai risparmi forzati. Dai controlli mancati. E loro, i Benetton, che quel pezzo di autostrada l'avevano avuto in gentile concessione dallo Stato, loro che avevano spremuto la gallina dalle uova d'oro fino all'ultimo pedaggio, loro che si erano riempiti le tasche con tariffe esose e raffiche di aumenti, senza mai preoccuparsi dello stato di conservazione di un bene pubblico affidato alle loro mani, non trovano di meglio, quella sera, di fronte a quarantatré morti, che festeggiare. Festeggiano sui cadaveri. Festeggiano sulla tragedia. Prima un ricevimento serale nella loro villa di Cortina. Poi, il giorno dopo, una grigliata sul prato, risotto e branzino al forno, catering affidato al rinomato ristorante Da Celeste. «La famiglia è morta quel giorno» commentarono i manager del gruppo, intercettati qualche tempo dopo. «La famiglia l'hanno ammazzata le due feste di Cortina.»

I quattro fratelli che fondarono il gruppo Benetton (Luciano, Giuliana, Gilberto e Carlo) erano orfani. Poveri. Affamati. Determinati. E sono sempre stati molto uniti. I loro eredi (quindici cugini) sono ricchi, viziati, svagati. E divisi. L'unica cosa che li tiene davvero insieme sono i soldi. Ne vogliono tanti. Ne vogliono sempre di più. I genitori portarono l'azienda al successo mondiale, facendone uno dei simboli dell'italianità e del nostro genio creativo. Loro assistono inermi al disastro, interrogandosi solo su quanti dividendi intascheranno. Quando, mesi dopo il crollo del ponte Morandi, qualcuno fa notare che l'Italia ce l'ha con loro, replicano stizziti: «Mica abbiamo fatto niente...» («No, dico, vi siete solo arricchiti» risponderanno i manager). E quando a Treviso si scoprono buchi di bilancio e si organizzano piani per la riduzione dei dipendenti, loro si trincerano dietro nuove alchimie contabili per non rinunciare ai piccoli e grandi privilegi cui sono abituati. Sono fatti così. Per dirla ancora con le parole del manager Gianni Mion, che li conosce meglio di tutti: «Non capiscono un cazzo. Sono indegni. Vogliono solo i soldi. E pensano ai cazzi loro». Le citazioni stanno agli atti del processo.

Quella dei Benetton è la dynasty dei paradossi. Hanno costruito un impero sulla comunicazione, e poi di fronte a quarantatré morti non hanno saputo dire una parola. Hanno lanciato messaggi di fratellanza a tutto il pianeta, e poi di fronte alle difficoltà hanno iniziato a scannarsi in famiglia. Si sono presentati al mondo come maestri di solidarietà, e poi si sono rivelati i re della meschinità. In una delle intercettazioni inedite, mai pubblicate finora, i manager dell'azienda deplorano il fatto che la grande preoccupazione dei rampolli di famiglia, pochi mesi dopo il crollo del ponte, fosse quella di non cambiare palestra. «Li ho mandati in un'altra e si sono lamentati» confidano. Si capisce: quello che conta sono aerobica e spinning. Mica quarantatré famiglie distrutte. Nei primi giorni del gennaio 2020 i medesimi manager cercano di organizzare una riunione fra gli eredi Benetton per affrontare le conseguenze della tragedia. Provano a fissare la data al 7 gennaio. Ma nessuno risponde. Ovvio, ci sono le vacanze. I botti di Capodanno. I veglioni. Solo due dei quindici danno un cenno di vita. Uno dice: «Prima del 9-10 non posso» (vacanze lunghe, si capisce). E l'altro: «Non pensavo fosse tutto 'sto casino». Non pensava, ecco. Ci sono quarantatré morti, ma lui non pensava.

La famiglia è morta così. Perché non pensava. È morta con le feste a Cortina. Con l'insensibilità di fronte ai cadaveri. Con l'avidità che non si arresta nonostante la tragedia. Ma se la famiglia Benetton è morta, anche la fabbrica Benetton non si sente tanto bene. Infatti l'azienda dei maglioni, attorno a cui l'impero è stato costruito, è diventata ormai una briciolina. Un dettaglio. Un residuo marginale. Rappresenta meno del 2 per cento del fatturato totale del gruppo, le cui entrate sono dovute ad altre attività, meno creative ma più remunerative: la gestione delle autostrade, la gestione degli aeroporti, le sostanziose partecipazioni azionarie. Laddove c'era la fabbrica, ora c'è la finanza. Laddove c'era la creatività, ora ci sono aridi numeri. Il gruppo nel suo complesso continua a produrre abbondanti utili, certo. Ma la fabbrica delle maglie, gloria e vanto dei Benetton in tutto il mondo, da dieci anni accumula solo perdite su perdite, buchi su buchi, bilanci in rosso su bilanci in rosso: 91 milioni nel 2014, 46 nel 2015, 81 nel 2016, 181 nel 2017, 115 nel 2018, 138 nel 2019, 281 nel 2020, 112 nel 2021, 81 nel 2022 e 235 nel 2023. In totale: un miliardo e 361 milioni bruciati in dieci anni. «Se anziché chiamarsi Benetton si chiamasse Pincopalla, quell'azienda sarebbe chiusa da un pezzo» mi dicono in Veneto. Invece l'azienda si chiama Benetton e perciò non chiude. Anche se oggi, più che tagliar stoffe, taglia dipendenti. Sempre meno talento, sempre più esuberi. Schiere di manager che si trincerano dietro formule complicate per cercare di nascondere la vera mancanza: quella di un imprenditore.

«Sono quello che ha studiato di più in famiglia. E ho

smesso a quattordici anni» diceva Gilberto, uno dei quattro fratelli fondatori. Lui era arrivato alla terza media. Luciano si era fermato alla quinta elementare. La sorella Giuliana alla quarta. I Benetton della prima generazione non avevano lauree, però avevano genio e tanta voglia di lavorare. I loro eredi, invece, hanno frequentato le migliori università del mondo, ma scarseggiano sia dell'uno che dell'altra. Perciò vivono di rendita. Non sono veri imprenditori. Incassano, ma non creano. Sfruttano, ma non producono. Accrescono la ricchezza personale, non quella del Paese. Pensano a spartirsi abbondanti dividendi, ma mandano a casa gli operai. Pure i negozi Benetton, ormai, chiudono uno dopo l'altro lasciando dietro di sé una scia di vetrine vuote. Vetrine vuote (nei negozi) e tasche piene (nella famiglia). C'erano una volta i maglioni colorati. Adesso c'è solo un futuro nero.

La sgangherata uscita di scena di Luciano Benetton

Il 25 maggio 2024 Luciano Benetton lascia l'azienda. È lui stesso ad annunciarlo con una clamorosa intervista al «Corriere della Sera». Nei conti dell'azienda, dice, c'è «un buco drammatico». Parla di circa 100 milioni. In realtà sono più del doppio. Ma lui non se n'è nemmeno accorto. Dà la colpa a un manager, senza neppure nominarlo: lo chiama genericamente «l'uomo che viene dalla montagna». Dice che assumere quel manager è stato un errore, se la prende con il consulente che gliel'ha suggerito. Dunque, colpa del manager e colpa del consulente.

Come se lui, Luciano, presidente e fondatore, non contasse nulla. Come se fosse lì di passaggio. Eppure, fino al giorno prima, si presentava come il dominus assoluto. Il capo di tutto. Il salvatore della patria. L'unico in grado di risollevare le sorti dell'azienda. Aveva anche lasciato trapelare, mese dopo mese, messaggi positivi sull'andamento dei conti: siamo in ripresa, anno incoraggiante, cresciamo, e via imbrodandosi. Com'è che poi, all'improvviso, scopre la «voragine»? E com'è possibile che la «voragine» sia tutta colpa dell'«uomo che viene dalla montagna»? Cioè del manager? O, peggio, del consulente che l'ha suggerito? Possibile che il presidente fondatore, con pieni poteri e l'aura da redentore, non si prenda nessuna responsabilità? Nemmeno nella scelta del più importante manager dell'azienda? E possibile che non sappia nulla dei conti? Ma chi è davvero Luciano alla fine della carriera? Il salvatore della patria o un *umarèll* dello stabilimento di Treviso?

Mai s'è vista nella storia dell'imprenditoria italiana un'uscita di scena più umiliante e sgangherata. Me lo conferma una persona che conosce benissimo i Benetton. Lo incontro in piena estate in un bar nel centro di Milano. Lui ordina un'acqua tonica, io un caffè freddo. Parliamo per diverse ore. Mi racconta tutti i retroscena umani e aziendali. Poi gli chiedo a bruciapelo come sia possibile rilasciare un'intervista del genere. Lui scuote la testa. Si capisce che ne soffre. Non se ne capacita. E sbotta: «Luciano ha ottantanove anni. Ha diritto di essere rimbambito, non ti pare?». Gianni Mion, che della famiglia Benetton è stato per quarant'anni il Richelieu, l'uomo che li ha accompagnati in tutta la crescita e la trasformazione, è ancora più feroce: in un'intercettazione (20 febbraio 2020) definisce Luciano (allora ottantacinquenne) come «rincoglionito». E poi lo sfotte fra le risate del suo interlocutore: «Ha parlato per un'ora del fatto che lui sta mettendo a posto la Benetton. Lui è molto ottimista. Sta risanando». Giù risate. «Che vuoi fare?» E giù altre risate.

Ridevano i suoi manager. Ridevano a crepapelle. Ma l'*umarèll* di Treviso era davvero convinto di risanare l'azienda. Per questo, dopo sei anni di distacco dalle cariche operative, era rientrato a ottantatré anni suonati, riprendendo nel 2018 le leve del comando. In famiglia non ci volevano credere. «Davvero torni?» gli chiedevano. E lui a smentire. Fino all'ultimo. «Pettegolezzi inconsistenti» diceva. Poi, invece, è tornato davvero. Altro che pettegolezzi: era la verità. O forse era solo tracotanza. Luciano era sinceramente convinto di riuscire a salvare la baracca. Di poter risollevare la fabbrica dei maglioncini. Pensava di aver mantenuto il tocco. Il genio. Invece, no. Niente di tutto questo. Tanto che al telefono i suoi manager non facevano altro che ridere di lui. Delle sue fissazioni. Delle sue convinzioni. «Vive in un mondo tutto suo» dicevano. «Nessuno gli crede.» E ridevano pure del suo rapporto con il fotografo Oliviero Toscani («quel fesso che lo strumentalizza perché non ha più idee»). Toscani, scomparso nel gennaio 2025, è stato fino all'ultimo vicino a Luciano: nel febbraio 2020 lo aveva anche convinto a mettersi in posa per uno scatto con i giovani del movimento politico delle Sardine. Tutti insieme, allegri, sul prato di Treviso, alla faccia dei morti del ponte e dei buchi di bilancio. «Che cazzata mostruosa, mio Dio» commentarono i manager.

Ma perché Luciano accetta tutto ciò? Perché accetta di rendersi ridicolo? Perché si espone agli sfottò dei suoi manager? Alle figuracce in azienda? Ai conti che gli sprofondano sotto gli occhi senza che lui se ne accorga? Perché? Lo chiedo all'uomo che è con me al bar. «Luciano è quasi penoso nella totale identificazione con la sua azienda» mi risponde senza esitazione. In effetti: come tutti i geni dell'imprenditoria, anche il fondatore dell'impero dei maglioncini è un tutt'uno con la sua azienda. Non riesce a distaccarsene. Non riesce a immaginare che la sua creatura possa esistere senza di lui. Perciò non è in grado di gestire la successione. «Mio padre è un orfano e si è sempre comportato come chi sa di doversela cavare da solo. Senza fidarsi di nessuno» ha detto il figlio Alessandro. E infatti Luciano Benetton non si è mai fidato di nessuno. Se non di sé stesso.

Eppure nel 2005 aveva già scelto l'erede. Era proprio lui, il figlio prediletto, Alessandro il predestinato. «Sarà il capo dell'impero, ma prima si dovrà fare le ossa» disse. Alessandro allora aveva già quarant'anni. E molti si chiesero: davvero a quarant'anni c'è ancora bisogno di farsi le ossa? Nel frattempo Luciano ci ripensò: «Credo che sia un errore imporre l'erede» si corresse. E così, da allora, sono passati altri vent'anni. Con l'erede designato sempre tenuto fuori dalla porta. Prescelto ma mai scelto. Indicato ma mai incoronato. Luciano, non fidandosi per l'appunto di nessuno, non ha mai davvero accettato l'idea di un successore. Ha sempre voluto comandare lui. Ancora lui. Sempre lui. Fino a quel 25 maggio 2024 quando, di fronte alla voragine dei conti e all'azienda in ginocchio, di fronte alle proprie fragilità e allo scorrere inesorabile del tempo, ormai ottantanovenne, umiliato e confuso, è stato costretto ad alzare bandiera bianca nel più indecoroso dei modi. Dimostrando di non conoscere la sua fabbrica. Cercando di scaricare le responsabilità su un manager. E annunciando «sacrifici da fare». Per gli altri, ovviamente. Per i dipendenti. Per gli operai. Perché i Benetton, si sa, i sacrifici non li fanno da tempo.

Nel luglio 2024, poche settimane dopo l'intervista al «Corriere» in cui Luciano annunciava il suo ritiro, la Benetton ha dichiarato 375 esuberi. 375 su 1300 dipendenti. Così è cominciata l'era dei tagli, proprio mentre il fondatore tagliava la corda. Doveva salvare l'azienda. E invece non ha salvato nemmeno la faccia.

Lo zar Alessandro e il «signor Luciano» in mutande

«Mio padre? C'è voluto tempo per costruire il nostro rapporto di stima e di affetto. E oggi è bello vederlo soddisfatto di come vanno le cose.» È il 2 marzo 2024. Alessandro Benetton celebra i suoi sessant'anni con una festa in smoking ma senza eccessi: le immagini della sua infanzia, una frase di don Giussani e solo pochi amici vip come Claudia Gerini e Adriano Panatta. Niente a che vedere con la maxifesta di dieci anni prima, quella dei cinquant'anni, quando affittò una villa seicentesca, già dimora di Umberto di Savoia e Gabriele d'Annunzio, per trasformarla in un gigantesco luna park, con trecento ospiti illustri a mangiar polpi, scampi, gamberi, insieme alla chicchissima pasta e fagioli servita dal catering di Toulà, l'invito con la Vespa («È arrivato il cinquantino»), una meringata come torta e una cartomante in mezzo alla sala a fare i tarocchi agli invitati. Dieci anni dopo, con i tre figli ormai adolescenti e la responsabilità del gruppo sulle spalle, Alessandro è molto più controllato. Meno sfavillante. Quasi più intimo. Affitta un ex spazio industriale, anziché la villa del Seicento. E lo allestisce come un raffinato club privato, l'Ab Club, anziché come un luna park. Meno mondanità, più introspezione. Il massimo dell'esibizionismo è un video in cui si mostra, bambino e paffuto, mentre corre su un triciclo.

Il giorno dopo, sul «Corriere della Sera», esce un'intervista a tutta pagina in cui Alessandro fa il punto sulla sua vita da neosessantenne, dopo la separazione dalla moglie, la campionessa di sci Deborah Compagnoni, e la scelta dei loro tre figli di vivere con lui. «Mi sono trovato a occuparmi dei ragazzi, dei loro amori adolescenziali, dei dottori, dei test d'ammissione. So di essere migliorato, sono diventato più paziente» dice. Spiega che la decisione di assurgere alla leadership dell'impero è arrivata anche in seguito alla tragedia del ponte Morandi. E poi pronuncia la frase sul padre che abbiamo appena citato. Una frase che sembra piena d'affetto. «Oggi è bello vederlo soddisfatto di come vanno le cose.» Tenero, no? Quasi dolce. Premuroso. Peccato però che le cose, per suo padre, non stiano affatto andando bene. Peccato che suo padre non abbia alcun motivo per essere soddisfatto. Poche settimane dopo la pubblicazione di quell'intervista, infatti, Luciano Benetton denuncia pubblicamente il buco da 100 milioni (anzi: 235) nei conti dell'azienda, il tradimento, la vergogna, i sacrifici (degli altri), e annuncia le dimissioni. E allora il dubbio è lecito: Alessandro, da due anni ormai a capo del gruppo, non sapeva nulla? Non sapeva che nella società Benetton, una sua controllata, i conti stavano andando a rotoli? Non sapeva che il padre, in quanto presidente, era seduto su una polveriera? Perché ha lasciato che andasse a schiantarsi? Perché non lo ha avvertito? Perché ha permesso che il fondatore dell'impero, nonché suo illustre genitore, uscisse di scena in modo così umiliante e ridicolo? Perché non ha fatto nulla per evitarlo?

Liberarsi dei padri è sempre un'operazione difficile, si sa. Liberarsi di un padre geniale, ovviamente, ancora di più. I rapporti fra Luciano e il suo secondogenito, in effetti, sono sempre stati complicati. Fin dall'infanzia. Nel libro autobiografico *La traiettoria*, Alessandro descrive con parole amare la notte in cui i suoi genitori si separarono. Siamo a metà degli anni Settanta. Lui e il fratello Mauro, ancora bambini, sentono una lite. Si svegliano, si alzano, escono dalla camera. E si trovano davanti Luciano «con indosso solamente una maglietta e le mutande». Freddo, duro. Li guarda e si limita a due parole: «Che sceneggiate, che fate». Il mattino dopo la mamma è andata via, mentre lui, Luciano, «dorme un sonno tranquillo, l'espressione pacifica». Non sembra per nulla turbato, a differenza dei suoi figli, ai quali non darà mai né spiegazioni né tenerezze.

Per tutto il libro, infatti, Alessandro chiama suo padre il «signor Luciano». Con distacco. Senza lasciar mai trasparire un po' d'affetto. Anzi, racconta con dovizia di particolari i molteplici scontri che ha avuto con lui. Sottolinea la sua freddezza. I toni aspri. La mancanza di empatia. Quando lui litiga con i manager, il signor Luciano si schiera con i manager. Quando annuncia che se ne vuole andare, il signor Luciano non fa nulla per fermarlo. Poi, nel 2012, Alessandro viene richiamato in Benetton, con il ruolo di presidente e l'incarico di rivoluzionare la società, ma il signor Luciano si mette silenziosamente di traverso. All'erede designato sembra che i manager si prendano gioco di lui. «La sensazione» scrive nel suo libro «è che mi abbiano messo alla guida dell'azienda soltanto per poter tenere tutti le mani sul volante.» Cioè per non fargli toccare palla. E per continuare a fare solo quello che vuole il signor Luciano.

Alessandro resiste per un po', poi non ce la fa più. E abbandona. Se ne va nel 2014, dopo due anni, senza essere riuscito a combinare granché. «La comunicazione tra me e mio padre è venuta a mancare» dice. Nel 2016, in rotta con l'intera famiglia, lascia anche il consiglio di amministrazione e le altre cariche. Sembra un addio definitivo al mondo Benetton. Invece no. Dopo qualche anno, infatti, cambia di nuovo tutto. Alessandro torna. E questa volta per fare sul serio. È il 2022: sono passati vent'anni dal giorno in cui fu designato successore, dieci da quando ha avuto il primo importante e fallimentare incarico. Ha quasi sessant'anni. Più che farsi le ossa, se l'è ormai quasi rotte. L'ex giovane rampollo è invecchiato aspettando la sua occasione. Ma questa sembra davvero la volta buona. Sembra l'incoronazione finale. Nel gennaio 2022 Alessandro viene infatti nominato presidente, questa volta non solo della Benetton ma della holding Edizione, quella che controlla ogni cosa. Assurge, cioè, a capo dell'impero. E qualche tempo dopo, nel maggio 2024, si libera definitivamente anche del padre genio e fondatore. O di quel poco che resta di lui.

Ormai Alessandro ha campo libero: dei quattro fondatori, due sono morti (Gilberto e Carlo). Una, Giuliana, sta in disparte. Luciano, finalmente, s'è arreso e ha lasciato anche la fabbrica dei maglioni dove si era arroccato. Tocca davvero alla seconda generazione. E tocca a lui. Il nuovo capo non perde tempo: ristruttura la holding Edizione, per rafforzare i suoi poteri sull'intero gruppo, e risistema la controllata e malandata Benetton per eliminare, dopo l'uscita del padre, tutti i Benetton dalle cariche societarie. Adesso è davvero lo zar di Treviso. L'erede. La guida. Il numero uno. Il padrone assoluto.

Gilberto ha detto: «Non fate Alessandro presidente»

Benetton, nuovo patto: più poteri ad Alessandro, debutta in azienda la terza generazione. Il titolo del «Sole 24 Ore» del 28 giugno 2024 non lascia dubbi. E il testo dell'articolo ancor meno. Alessandro è davvero il nuovo padrone assoluto dell'impero di Treviso. E infatti detta le regole: presiede la holding di famiglia e regna sul consiglio di amministrazione, in cui prendono posto nove componenti, due per ciascuno dei quattro rami familiari, più un amministratore delegato. L'amministratore delegato deve essere votato (ed eletto con i due terzi dei voti). I componenti del consiglio, invece, sono scelti da ogni famiglia ma secondo regole nuove: i giovani, per poter entrare, dovranno aver conseguito almeno un master in «un istituto di chiara fama» in materia economica, ingegneristica o giuridica e dovranno aver lavorato per almeno cinque anni in società esterne al gruppo. In pratica Alessandro sta dicendo ai suoi parenti: se volete accedere alla stanza dei bottoni, dovete fare un percorso come il mio. Lui va giustamente fiero dei suoi studi a Boston e delle sue esperienze in Goldman Sachs. Anche se l'impero l'hanno costruito suo zio con la terza media e suo padre con la quinta elementare.

Dei quindici eredi di seconda generazione, Alessandro è probabilmente il più capace. Forse il più intraprendente. Di sicuro il più attento all'immagine. Quando parla del ponte Morandi, per esempio, nelle interviste celebrative del «Corriere della Sera», fa di tutto per mostrarsi sensibile, delicato, animato da nobili principi. Usa parole dense di umanità. Esprime «profondo dolore». «Dopo quella tragedia abbiamo deciso di tornare ai valori dei padri fondatori» dice. In realtà le intercettazioni della procura di Genova dimostrano che dopo la tragedia lui si preoccupava soprattutto di una cosa: dei soldi. Dei quattrini. Dei dividendi da distribuire. «Nel sistema che abbiamo disegnato i dividendi come minimo sono obbligatori» diceva. Obbligatori, niente meno. In un'altra telefonata li definiva addirittura «sacri». Obbligatori e sacri, come le penitenze del venerdì santo. Ecco quello che conta: i dividendi. I soldi da distribuire. Altro che i valori dei padri fondatori.

La verità è che esistono due Alessandro: quello pubblico e quello privato. Quello che si mostra ai giornali e quello che si mostra ai suoi collaboratori. Quello che vive nelle interviste e quello che vive nella realtà. Basta sentire i manager del gruppo: quando parlano di lui dietro le quinte, riflettono un'immagine di Alessandro assai diversa da quella che siamo abituati a vedere sulle copertine delle riviste patinate. «Pensa di essere il migliore, ma non lo è» dicono. E poi: «È vittima della sete di pubblicità». «Va in giro a sfigheggiare.» «È un paraculo.» «Fa solo casino.» Tutte frasi regolarmente registrate, agli atti della procura di Genova. C'è chi aggiunge: «Alessandro pensa di convincere tutti con la comunicazione».

In effetti: Alessandro Benetton pensa di convincere tutti con la comunicazione. E molti li convince davvero. Infatti si è costruito un'immagine quasi perfetta. Appare come un imprenditore di successo, amante dell'eleganza, del bon ton, delle cose belle. Quasi un maestro di stile. Ha un sacco di amici importanti sempre pronti a riverirlo. Vive appena fuori Ponzano Veneto, in una casa progettata per lui dall'archistar giapponese Tadao Ando: una struttura di vetro e cemento, incastonata in un avvallamento artificiale per non sollevare di un centimetro la pianura trevigiana, con passerelle sospese tra cucina e sala da pranzo, fra opere d'arte di Fontana, Warhol, Takashi Murakami, Hirst. Dopo la separazione da Deborah Compagnoni, i suoi tre figli (Agnese, Tobias e Luce) hanno deciso di vivere con lui. «Cercherò in ogni modo di non far loro mancare nulla» scrive Alessandro nella sua autobiografia. E, almeno a livello materiale, a occhio e croce, non dovrebbe essere difficile.

Alessandro Benetton è il padre responsabile, il sessantenne giovanile, l'amante dello sport. Il maestro di sci, l'appassionato di kitesurf. È l'uomo-copertina. È il ragazzo scapestrato che negli anni ruggenti non si è fatto mancare nulla, dalla bocciatura al liceo alle avventure con le showgirl, ma poi ha messo la testa a posto: laurea a Boston, master ad Harvard, il lavoro a Londra alla Goldman Sachs, quindi la fondazione di uno dei primi private equity italiani. È l'uomo che ha avuto successo col team di Formula Uno, è il giovane saggio che Flavio Briatore mandava a mediare fra piloti e tecnici bizzosi. È l'imprenditore che ha anche accumulato flop e fallimenti (Sei Milano, Strade Blu...) di cui però nessuno parla, perché a lui si addice soltanto l'abito del vincente. È il predestinato. Quello cui nonna Rosa profetizzò, quand'era ancora un bambino, la guida dell'impero: «Penso proprio che un giorno il timone sarà tuo».

Ma basta sollevare un po' la coltre patinata per scoprire un Alessandro tutto diverso rispetto alla narrazione. Basta sollevare un po' la coltre patinata per scoprire un Alessandro che pensa che anche il dolore più profondo non conti nulla di fronte ai dividendi «sacri» e «obbligatori». Un Alessandro che «vuole i soldi» perché è convinto «che gli altri non capiscono niente». Un Alessandro che «pensa di convincere tutti con la comunicazione».

Un Alessandro «paraculo», che «fa solo casino», «vittima della sete di pubblicità». Da un'intercettazione rimasta finora inedita, risulta che Gilberto Benetton, fratello di Luciano, fondatore dell'azienda, nonché guida finanziaria del gruppo fino al momento della sua scomparsa nell'ottobre 2018, avrebbe fatto una raccomandazione in punto di morte: «Non fate Alessandro presidente». Dicono così i manager. Dicono che Gilberto avrebbe raccomandato proprio questo: «Non fate Alessandro presidente». Evidentemente non lo hanno ascoltato. E così oggi c'è un «paraculo» solo al comando.

Quindici cugini con poche idee e tanti quattrini

«Mi sono ritrovato nel posto in cui mai avevo cercato di essere» dice Alessandro Benetton al «Corriere della Sera» nel marzo 2024. Davvero? Non aveva mai cercato di essere lì? A capo dell'impero? Lui che per tutta la vita non ha fatto altro che desiderarlo? Lui che non ha mai smesso di presentarsi come il più bravo della seconda generazione? La verità è che «Alessandro ha sempre pensato che i cugini gli avrebbero chiesto di fare il presidente», come dice il superdirigente Gianni Mion nelle intercettazioni. E alla fine, in effetti, glielo hanno chiesto. Ma sono tutti davvero convinti? Fino in fondo? Sono disposti a riconoscerlo come numero uno? Ad accettarlo per sempre come loro leader? E lui, Alessandro? Sarà capace di tenere insieme la famiglia? Di rappresentarla? Di guidarla? Di lavorare con i cugini? Nonostante non li stimi? Nonostante abbia più volte manifestato un certo disprezzo nei loro confronti?

È martedì 28 gennaio 2020. Il mondo sta per essere scosso dalla pandemia, ma ancora non lo sa. Alessandro Benetton è nel suo ufficio della 21 Invest a Treviso, in Borgo Camillo Benso Conte di Cavour, e pare scosso solo dal comportamento dei suoi familiari. Proprio non gli va giù. In quel momento lo chiama uno dei manager più importanti del gruppo. La telefonata arriva sul fisso. Alessandro qualche giorno prima gli aveva chiesto di evitare il cellulare. «Ho una cosa nell'orecchio, mi fa male» aveva detto. Per questo alle 9.27 di quel martedì 28 gennaio la chiamata arriva in ufficio. Lui e il manager parlano per circa venti minuti. Il manager insiste sul fatto che gli eredi, quelli della seconda generazione Benetton, dovrebbero andare d'accordo. Dovrebbero essere consapevoli. Riconoscenti. Uniti. «Sì, vabbè» risponde Alessandro. Cincischia. Tergiversa. Si trattiene. Come se volesse tacere. Poi invece esplode contro i cugini: «Non posso passare la mia vita a convincerli. Continuiamo a parlare delle stesse cose. A loro non credo. Non capiranno mai». Così vanno d'accordo i rampolli della seconda generazione Benetton. Così sono uniti.

«L'azienda della grande famiglia è un sistema articolato di equilibri, consuetudini, convenienze, piccoli feudi, convincimenti supportati da decenni di successo» scrive Alessandro nel suo libro. Ma su quei piccoli feudi adesso regna lui. Lui che, come dicono quelli che lo conoscono bene, si sente «il più figo di tutti». Lui che si ritiene il migliore e perciò «a ogni coglione che passa gli racconta che non può lavorare con i cugini». Lui che «questi non capiscono un cazzo», che «non posso passare la mia vita a convincerli», che «a loro non credo» e «questi non capiranno mai». Lui che forse, anche per questi motivi, Gilberto non voleva diventasse capo dell'impero. E, invece, capo dell'impero lo è diventato. E ora è costretto, comunque, a confrontarsi con gli altri esponenti della famiglia. Quelli che non capiscono un cazzo. Quelli che non capiranno mai.

I rampolli sono quindici. Tutti discendenti diretti dei quattro fondatori, tutti l'un contro l'altro armati. Erano sedici, ma Stefano, uno dei cinque figli maschi di Carlo, è scomparso giovanissimo nel 1985, in un incidente stradale in California. Restano cinque donne e dieci uomini. Il più anziano è Mauro, primogenito di Luciano, fratello maggiore di Alessandro, che ha sessantadue anni. Il più giovane è Brando, quinto figlio di Luciano, nato dalle seconde nozze con Marina Salamon (ne parleremo tra poco). Rispetto ad altre famiglie che popolano rotocalchi e cronache mondane, i rampolli Benetton sono piuttosto riservati. E non particolarmente brillanti. Nessuno di loro, a parte Alessandro, ha il tocco dell'imprenditore. Nessuno si distingue per i suoi colpi di genio. Anzi, per dirla con il manager che li conosce meglio, «questi non capiscono un cazzo» (Gianni Mion, 24 gennaio 2020, ore 8.24).

Di certo, da quello che emerge dai documenti depositati alla procura di Genova, sono avidi. Vogliono soldi. Sempre più soldi. Vogliono i dividendi. E siccome le famiglie si allargano e i portafogli da riempire si moltiplicano, ecco che la sete di denaro diventa inarrestabile.

Non comprano yacht lussuosi, non esibiscono stili di vita faraonici. Ma pretendono di mantenere i loro privilegi. Gli agi. I piccoli e grandi lussi quotidiani. Fanno i capricci se devono cambiare palestra. Non accettano di accorciare di un giorno le lunghissime vacanze di Natale. E «fanno fatica anche a parlarsi tra di loro». Anche questa dichiarazione sta nelle carte della procura di Genova. Insieme a un'altra in cui i manager sentenziano: «Alessandro deve lasciar perdere perché con questi cugini non può lavorare».

Invece Alessandro non lascia perdere. Tutt'altro. Nonostante il (presunto) veto di zio Gilberto. Nonostante le perplessità dei dirigenti. Nonostante gli screzi con i cugini. Nonostante l'avversione di quelli che «non capiranno mai». Lui ce la fa. Diventa il capo. E alla fine nessuno in famiglia riesce a opporsi alla sua ascesa. Forse proprio perché gli altri rampolli sanno di non avere grandi doti imprenditoriali. Forse perché non hanno troppa voglia di lavorare. Forse perché, come dicono sempre i manager intercettati dalla procura, «non sono capaci». Forse perché non si parlano nemmeno tra loro e «non sanno neanche che cosa vogliono». Forse è per questo che non si oppongono all'ascesa di Alessandro. Ma davvero sono tutti dalla sua parte?

Ermanno, il «genero» che vuol «stanare» Alessandro

Nella stanza dei bottoni da cui si controlla l'impero, cioè nella holding Edizione, sono rappresentati in parti uguali i quattro blocchi dei discendenti Benetton: come in principio c'erano Luciano, Giuliana, Gilberto e Carlo, ora ci sono gli eredi. Per la famiglia di Luciano c'è, come sappiamo, il secondogenito Alessandro, che è il presidente e leader assoluto. Per la famiglia di Giuliana c'è la secondogenita Franca. Per la famiglia di Carlo c'è il terzogenito Christian. Per la famiglia di Gilberto, invece, non c'è la figlia Sabrina. C'è suo marito Ermanno. Per farlo entrare nel board si è dovuto forzare lo statuto, che infatti prevedeva l'accesso solo ai consanguinei. Ermanno non è consanguineo. Non è uno dei quindici cugini Benetton. È un parente acquisito. Ma è una figura centrale nella seconda generazione. Perché, insieme ad Alessandro, è il più bravo. Perché è il più sveglio. E perché è il marito di Sabrina.

Sabrina, dei quindici cugini, è economicamente la più forte: gestisce infatti l'intera eredità di papà Gilberto. Gli altri cugini si devono spartire le quote dei genitori insieme con i fratelli. Sabrina no: ha solo una sorella, che fa totalmente riferimento a lei per le questioni gestionali. Quindi tutte le azioni, di fatto, sono nelle sue mani. È una differenza non da poco. Inoltre è una donna molto determinata: parla quattro lingue, è laureata a Boston, ed è stata l'unica della famiglia Benetton a lasciare una poltrona (quella del consiglio di amministrazione di Atlantia) dopo il crollo del ponte Morandi. Espresse «disagio». In pratica si vergognò. Almeno lei. E fu sempre lei che si impose per forzare lo statuto e far entrare nella stanza dei bottoni, al posto suo, il marito Ermanno.

Ermanno Boffa, titolare dello studio Boffa e Associati di Treviso, è un commercialista di fama, esperto in acquisizioni, riorganizzazioni aziendali e pianificazioni tributarie, già consigliere di amministrazione per società importanti, dalla Banca Finnat al fondo immobiliare Sgr, oltre che membro di vari collegi sindacali. Gli piace dire: «Vengo dalla strada, dal marciapiede», ed è solito raccontare di quando, durante gli anni dell'università, per mantenersi vendeva enciclopedie. Ma, in realtà, il suo è un curriculum di lusso: contiene, infatti, oltre alla laurea alla Ca' Foscari di Venezia, ben sette diversi master, compreso quello in fiscalità all'università di Lugano. E si sa quanto sia importante, per un commercialista, studiare fiscalità all'università di Lugano...

Sabrina ed Ermanno si sono sposati nel giugno 2004 a Venezia. Il luogo lo ha scelto lui, gli ricordava gli anni da studente universitario. Per loro il Comune ha aperto, in via eccezionale, il Salone degli stucchi di Ca' Farsetti: ad accompagnarli alla cerimonia i «codega», valletti in costume della Serenissima, e il quartetto d'archi della Nuova Accademia di Venezia, pure loro in costume. Musiche di Mozart, Bach, Vivaldi e l'inevitabile *Ave Maria* di Schubert. Poi via in gondola verso l'Hotel Monaco, praticamente casa, dal momento che appartiene alla famiglia. Le foto sono finite su tutte le riviste patinate. E anche in questo, cioè in mondanità, la coppia Sabrina-Ermanno è l'unica a tenere testa al cugino Alessandro. L'unica a concedere qualcosa ai paparazzi. L'unica a esibire auto e barche di lusso, come la Porsche Panamera con cui Ermanno ebbe un tragico incidente. O come lo yacht *Nanook*, 50 metri, 6,7 milioni di euro di valore, ereditato dopo la morte di Gilberto insieme alla villa di Cortina.

Ermanno Boffa è molto intraprendente. Anche spregiudicato. Dopo la tragedia del ponte Morandi, quando la famiglia Benetton veniva spinta a vendere la società che gestiva le autostrade, lui, che della famiglia Benetton faceva (e fa) parte a tutti gli effetti, si muoveva per comprarla. In proprio. Dietro le quinte. Cioè da una parte, insieme con la famiglia, era venditore. Dall'altra, da solo, era compratore. Di nascosto. Senza dichiararlo. Un'operazione spericolata. Tanto più che Ermanno, per portarla a termine, cercava il sostegno dell'«uomo nero» del ponte, Giovanni Castellucci, l'ex manager del gruppo Benetton licenziato con somma ignominia (oltre a una buonuscita di 13 milioni di euro) proprio per aver gestito male quella società. Agli atti del tribunale di Genova ci sono le telefonate furibonde di Alessandro Benetton: «Ermanno la deve smettere di parlare con 'sto cazzo di Castellucci». E il manager Mion è durissimo con lui: «Vedo Boffa e gli sturo le orecchie. Lo alzo da terra».

Ma Ermanno Boffa ci pensa da solo ad alzarsi da terra. Sa volare. Sa muoversi. E non ha paura di scontrarsi con la famiglia acquisita. Nelle intercettazioni agli atti dell'inchiesta di Genova, restano le telefonate in cui va all'attacco di tutti. Dice che Alessandro (figlio di Luciano) è da «stanare», perché vuole vendere società per distribuire «una miliardata ai soci». Dice che Franca (figlia di Giuliana), «poveretta», è così pigra che anche «rispondere a un messaggio per lei è una grande sofferenza». E dice che lui per farsi accettare dalla famiglia è disposto a mostrarsi umile e a «mangiarsi tutte le merde», ma poi le cose devono cambiare. «Io ho tre figli» dice. «E non posso pensare che se uno vuol fare medicina, devo fargli fare economia se no non entra in consiglio.» Eppure è esattamente quello che Alessandro ha deciso nel maggio 2024 facendo il lifting a Edizione: entrano in consiglio solo i membri di terza generazione con master in materia economica, ingegneristica o giuridica. Chi vuol fare medicina resta fuori. Ermanno avrà accettato il diktat? Si sarà rassegnato a far cambiare facoltà al figlio? O starà continuando a pensare a come «stanare» Alessandro?

Brando, il figlio di Luciano tagliato fuori da tutto

La stanza dei bottoni da cui si controlla l'impero, cioè la holding Edizione, è a sua volta controllata da quattro casseforti. Ognuna di queste casseforti ha una quota di controllo uguale alle altre. E ognuna di esse fa capo a un ramo della famiglia. C'è la cassaforte Regia per gli eredi di Gilberto, la cassaforte Proposta per gli eredi di Carlo, la cassaforte Evoluzione per Giuliana e i suoi figli e la cassaforte Ricerca per Luciano e i suoi figli. Ogni cassaforte a sua volta è divisa anche in altre piccole cassefortine, ma questo non è importante: quello che è importante è che nelle casseforti (Regia, Proposta, Evoluzione e Ricerca) che controllano la stanza dei bottoni, e quindi tutto l'impero, sono in qualche modo rappresentati quattordici dei quindici cugini di seconda generazione. Ne manca solo uno. Manca Brando, il quinto figlio di Luciano, quello nato dalla relazione con Marina Salamon. Nella cassaforte Ricerca ci sono infatti papà Luciano (presidente), il primogenito Mauro (consigliere delegato), il secondogenito Alessandro (amministratore delegato), la terzogenita Rossella e il quartogenito Rocco (entrambi consiglieri). Brando no. Non c'è. Sta fuori dalla porta.

«Quando ero in attesa di Brando, mi è stato comunicato che aveva una malformazione grave, ma ho deciso di credere e sperare rimettendomi fiduciosa alla volontà di Dio» ha raccontato Marina Salamon a Emanuela Zanotti per il suo libro *Io donna e madre.* «Ci ho creduto fino in fondo, anche se in quel momento l'amore con Luciano finì.» Anche da questa vicenda, come dall'autobiografia del figlio Alessandro, il fondatore della Benetton non esce benissimo. Luciano infatti non solo lascia la sua compagna mentre lei aspetta un bimbo con una grave malformazione, ma poi, pur avendo riconosciuto il figlio, non gli fa da padre. Lo trascura. Lo considera un intruso. «Brando si chiama Benetton perché ho ritenuto giusto non penalizzarlo anche socialmente, ma ero conscia che, per molto tempo, Luciano non avrebbe svolto il ruolo di padre» raccontò allora Marina. Poi aggiunse che il signor Benetton «a distanza di anni è ancora arrabbiato con me e quindi sposta questa sua rabbia sul bambino». E sembra quasi impossibile che l'uomo che da sempre vuol dare al mondo lezioni di stile e di buoni sentimenti, quello delle campagne sociali e dell'accoglienza, della solidarietà e dell'inclusione, sia arrivato a riversare su un bimbo la rabbia nei confronti dell'ex compagna, tanto da non vederlo e non incontrarlo per anni.

In tempi più recenti i rapporti fra padre e figlio si sono rasserenati. Ora Brando ha trentadue anni e vive negli Stati Uniti, dove sta cercando di farsi strada come regista a Hollywood. Anche se ha sempre chiamato «papà» un'altra persona, cioè Marco Benatti, l'uomo con cui mamma Marina scelse di vivere dopo la sua nascita, quando torna in Italia va spesso a trovare il suo vero padre, Luciano. Il quale Luciano, da quando Brando si è iscritto all'università, gli versa pure un sostanzioso assegno mensile. Ma nella cassaforte di famiglia, no. Lì non l'ha fatto entrare. Non l'ha voluto. Il quinto figlio del fondatore, il figlio non desiderato, il figlio con cui ha tagliato i ponti per anni, è rimasto fuori da tutte le società della galassia Benetton. Quelle che si spartiscono i dividendi. Quelle che con tutta probabilità si spartiranno l'eredità. A Treviso si racconta che per decidere quest'esclusione si sia tenuta una grande riunione nella villa di Ponzano Veneto, alla presenza di nonna Rosa, allora ancora viva, con contorno di consulenti e consiglieri spirituali. Verità o leggenda?

La cosa certa è che i primi quattro figli di Luciano non presero bene l'arrivo del quinto, l'«intruso». I rapporti fra loro, infatti, sono da sempre quasi inesistenti. Per questo Brando è l'unico dei quindici cugini di seconda generazione che non risulta titolare di quote dell'impero. Nemmeno una. Nemmeno piccola. Nemmeno per sbaglio. In famiglia ci sono altri figli di secondo letto, come Leone (nato dal secondo matrimonio di Carlo con l'americana Mary Josephine Spirito): lui ha trovato posto nella galassia di Treviso. Brando, invece, no. È l'unico che non entra in nessuna holding, che non figura in nessun board, che non ha nemmeno una poltroncina da consigliere in qualche società. Niente di niente. Perché suo padre non l'ha voluto. Perché i suoi fratelli l'hanno escluso. Ma come si farà con l'eredità?

Mauro, l'erede pasticcione e la società alle Isole Vergini

Il più anziano dei quindici cugini, come abbiamo detto, è Mauro, primogenito di Luciano. Lui, a differenza del più giovane, cioè a differenza di suo fratello Brando, nelle società che controllano l'impero di Treviso ci sta. Però qui il dubbio è un altro: come mai per lui c'è solo un ruolo defilato negli organigrammi del potere familiare? Come mai, fin dall'inizio, non è lui, ma il secondogenito Alessandro, il figlio prediletto della casata? Come mai la scelta non è caduta, come in ogni dinastia reale, sul principe ereditario? Cioè sul più anziano? Come mai è saltata a piè pari l'ipotesi Mauro? A chiedere informazioni a Treviso si ottengono solo frasi a mezza bocca. Sussurri. Timidi tentativi di giustificarlo («Non dev'essere stato facile per lui, schiacciato tra cotanto padre e cotanto fratello»). Ma alla fine tutti concordano: certo che di guai, Mauro il pasticcione, ne ha combinati parecchi...

Nel suo libro autobiografico Alessandro parla molto di Mauro, anche se poi nei ringraziamenti finali dice che suo fratello maggiore «avrebbe meritato più spazio». Mauro era quello che dormiva nel letto a castello, lui sotto e Alessandro sopra (già allora sopra, accidenti). Mauro era quello con cui fare le boccacce mentre la mamma badava ai fratelli più piccoli. Mauro era quello dei litigi con i coni gelato spiaccicati a terra. Mauro era quello più grande di due anni, «sempre il primo a sperimentare situazioni e cambiamenti». Mauro era quello con cui Alessandro andava a «rubare» (o meglio: prendere in prestito) i motorini degli operai per provarli nel piazzale dello stabilimento di Treviso. Mauro era quello con cui Alessandro ha svolto le sue prime mansioni in azienda: con lo spazzolone a pulire cisterne e caldaie (la punizione per aver rubato i motorini, ovviamente). Ebbene: quel Mauro, però, a differenza di Alessandro, non pare avere un grande fiuto per gli affari.

Nel registro alla Camera di Commercio, infatti, a nome Mauro Benetton risultano più società in liquidazione che imprese memorabili: Jeli&là srl in liquidazione, Gemelli srl in liquidazione, Dia 1 srl in liquidazione, Alis holding in liquidazione, Rfg srl cancellata, L.I. spa cessata. Un cimitero economico, insomma. Anche la decisione di comprare l'Hotel Europa di Cortina e il Vip Club, quello dove Jerry Calà suonava *Maracaibo* nel celebre film *Vacanze di Natale*, non si è rivelata fortunata: prima la chiusura per Covid, poi due anni di difficoltà, infine la vendita frettolosa. «La gestione di Mauro Benetton si è focalizzata sul miglioramento delle dotazioni dell'hotel, con grande cura dei dettagli» recitavano i comunicati ufficiali del gruppo nell'annunciare la vendita. Impresa notevole, si capisce. Ma nella grande cura dei dettagli forse è mancato il dettaglio più importante: rendere l'hotel redditizio. Tante spese e pochi incassi, infatti, non è granché come business...

C'è un altro comunicato del gruppo, però, che riguarda Mauro, e che è ancora più urticante. È dell'agosto 2018, quando sull'«Espresso» apparve un'inchiesta di Leo Sisti e Paolo Biondani sulla Benetton. L'articolo rivelava che per dieci anni, fra il 2001 e il 2011, l'azienda di Treviso aveva creato società off shore in Lussemburgo per pagare meno tasse: nel 2012 la vicenda si era chiusa con un patteggiamento fra l'Agenzia delle Entrate e il gruppo, che aveva eliminato la società off shore versando 12 milioni di euro al fisco per chiudere la partita. L'inchiesta dell'«Espresso» parlava anche di un'altra società, la Bristol Consulting Corp, creata il 25 settembre 2001 alle Isole Vergini Britanniche, che aveva come primo e unico amministratore Mauro Benetton. La Bristol, scriveva il settimanale, è stata chiusa fra il novembre 2002 e l'aprile 2003, «negli stessi mesi del famoso scudo fiscale di Berlusconi e Tremonti». L'azienda di Treviso confermò allora che la Bristol effettivamente faceva capo a Mauro, precisando però che si trattava di una società personale, senza «alcun rapporto con il gruppo Benetton».

Mauro fu scaricato, insomma. Del resto al maggiore dei Benetton di seconda generazione capita spesso di essere liquidato in modo frettoloso. Lo racconta Alessandro nel suo libro: il fratello, che lavorava come responsabile marketing in Benetton, un giorno fu convocato dall'amministratore delegato del gruppo. Prima di andare, passò dal padre Luciano per capire se ci fossero problemi. Lui lo tranquillizzò e lo rassicurò. Allora Mauro entrò fiducioso nell'ufficio dell'amministratore delegato. E fu licenziato in tronco. Licenziato dall'azienda del padre. Senza che il padre gli dicesse nulla. «Non dimenticherò mai» scrive Alessandro «la delusione che ho letto nei suoi occhi la sera in cui, seduto di fronte a me, mi ha raccontato che nostro padre era già al corrente di tutto.» Era al corrente, ma aveva taciuto. Non solo non aveva mosso un dito per tenerlo con sé, ma non aveva mosso un dito nemmeno per prepararlo. Per spiegargli. Per attutirgli il colpo. Lo aveva scaricato con la sua proverbiale freddezza.

Evidentemente Luciano non era così dispiaciuto di liberarsi di quel primogenito un po' pasticcione e assai meno brillante di Alessandro. Il quale Alessandro, però, non ha mai smesso di proteggere e aiutare il fratello maggiore. Se possono vanno ancora in bici, come quand'erano ragazzini. Giocano a padel insieme. E insieme aprono società nel campo della ristorazione e della cultura, con chef stellati, boutique gastronomiche e gallerie d'arte. Tutto a Treviso. «Treviso è per me la città perfetta» ha detto Mauro in una delle sue rare interviste concessa al «Gazzettino», proprio per illustrare i nuovi progetti. E come dargli torto? Treviso è perfetta per lui. Mai quanto le Isole Vergini, però.

I figli di Carlo che «pensano di avere il bernoccolo»

E gli altri rampolli di seconda generazione? «Il problema è quando credono di essere capaci.» Capaci di cosa? «Di fare gli imprenditori.» C'è qualcuno che lo crede? «Qualcuno.» Christian? L'uomo che sto incontrando in un bar, davanti a un'acqua tonica e a un caffè freddo, pensa che Alessandro sia l'unico dei quindici cugini di seconda generazione ad avere un qualche talento imprenditoriale. Ad aver ereditato qualcosa dai fondatori. Pensa che tutti gli altri dovrebbero star lontani dalle aziende. Dovrebbero stare seduti in salotto ad aspettare la distribuzione degli utili. Ritiene rischioso quando qualcuno di loro si mette in testa di imitare la prima generazione. Quando qualcuno di loro pensa di essere un genio. Un creativo. O anche solo un vero imprenditore. Insisto: qualcuno lo pensa davvero? Il mio interlocutore fa finta di non sentire. Insisto ancora: Christian? Lui alza gli occhi al cielo. Tentenna. Poi annuisce. «Pensa di avere il bernoccolo...»

Christian è uno dei cinque figli di Carlo. Ex rugbista, appassionato di sport, una laurea alla Boston University, dopo due anni di lavoro in Deloitte è tornato in azienda per occuparsi della parte produttiva. È diventato l'«uomo dei telai». Guida infatti Olimpias, la società che gestisce i centri di produzione della Benetton. Nel 2017 annunciava grandi novità: «Apriamo ai marchi concorrenti». Cioè voleva mettere i centri di produzione della Benetton a disposizione di gruppi come Zara e H&M. «Il salto di qualità sarà proporci all'esterno» proclamava, sostenendo che fosse necessario allontanarsi un po' dalla casa madre. Due anni dopo, la retromarcia: la casa madre ha deciso che non era il caso che si allontanasse troppo. Lo hanno trattato come un bambino discolo che fa i capricci. «Ma dove credi di andare? Stai qui buono.» Zara e H&M, gli hanno spiegato, sono già capaci da soli di far male alla Benetton: perché dar loro una mano? Perché aiutarli a distruggerci?

Da quel momento gli impianti Olimpias hanno ripreso a produrre quasi in esclusiva per il marchio di Treviso («La produzione si è rifocalizzata» è stata la versione ufficiale). Il salto di qualità, evidentemente, può attendere. Il bernoccolo pure. A meno che a Christian non ne sia venuto qualcuno per le porte che gli hanno sbattuto in faccia.

Suo padre Carlo, scomparso nel 2018, era il più giovane e il meno noto dei quattro fratelli di prima generazione. Oltre a Christian, ha avuto altri quattro figli, tutti maschi: Andrea, Stefano, Massimo e il già citato Leone, figlio di seconde nozze. Andrea si occupa delle tenute agricole del gruppo: gestisce in particolare quelle di Maccarese e di Caserta (già Cirio), due ex possedimenti dello Stato, che i signori di Treviso hanno ottenuto insieme alle autostrade nel grande affare (per loro) delle privatizzazioni. Il figlio più piccolo, Leone, è invece presidente della Compañia de Tierras che gestisce le immense proprietà della famiglia in Argentina: 9400 chilometri quadrati di terreno, quanto le Marche o due volte il Molise, per intenderci, con oltre 270.000 capi di bestiame. È dal 1991 che i Benetton hanno comprato, a cifre irrisorie, queste terre, con alberi, fiumi e laghi, fra le proteste della popolazione locale, i Mapuche, che si sono sentiti derubati.

«Quando si toglie la terra ai popoli nativi, li si condanna a morte» denunciò il premio Nobel Adolfo Pérez Esquivel, in una lettera alla famiglia di Treviso. E nel marzo 2020 il filosofo Massimo Venturi Ferriolo si è dimesso per protesta dalla Fondazione Benetton. «Ho scoperto con delusione che Benetton non è il progressista che viene raccontato» ha denunciato. «La questione è culturale ed etica: non rendersi conto di aver acquistato una terra che apparteneva a un popolo ancora vivo, al quale era stata tolta in precedenza con la violenza. [I Mapuche] hanno una cultura straordinaria. Sono i Benetton a non avere alle spalle una cultura solida.»

Il mio interlocutore, quello che conosce bene i signori di Treviso, mentre sorseggia l'acqua tonica fa una smorfia. Secondo lui anche la vicenda dell'Argentina è una prova dell'«incapacità di gestire» dei Benetton. Mi cita altre famiglie che hanno comprato terreni in Sudamerica senza avere alcun problema. «Perché, invece, per loro anche questo è diventato un guaio? E pensare che hanno speso un sacco di soldi, per cercare di tenere buoni i Mapuche. Hanno fatto anche un museo per loro.» È vero: i Benetton, nel tentativo di placare le proteste, hanno speso 900.000 dollari per costruire un museo dei Mapuche e raccontare la storia di quei popoli e di quei territori. Ma si sono affidati a un professore contestato, un antropologo che sostiene che i Mapuche non sono argentini. E così anche la spesa per il museo è stata inutile. Anzi ha sollevato nuove polemiche. Soldi buttati, hanno scritto. E il mio interlocutore fa un'altra smorfia. «Lo vede? Non sono proprio capaci...»

«Ma perché ce l'hanno con noi?
Mica abbiamo fatto niente...»

Dei quattro fondatori, Giuliana, la seconda, era quella operativa. Abilissima con le mani. Formidabile sui telai.

La leggenda vuole che fu lei a confezionare quel primo maglioncino giallo che aprì l'epopea dei colori Benetton. Lei e Luciano sono stati i veri motori dell'azienda. Il braccio e la mente. I due più anziani. E i due ancora vivi. Oggi Giuliana è la prima miliardaria del Nordest, la sesta in Italia, la novecentoquarantanovesima del mondo con un patrimonio personale di 3,3 miliardi di dollari.

Giuliana era sposata con Fioravante Bertagnin, imprenditore di Pieve di Soligo, morto nel 2018, all'improvviso, durante un viaggio in Argentina. Infarto. I due hanno condotto una vita riservatissima nelle loro case di Treviso, Asolo, Venezia. Unica passione nota: quella per il golf. Hanno avuto quattro figli, tre femmine (Franca, Paola, Daniela) e un maschio (Carlo). Oggi è la secondogenita Franca a rappresentare il ramo di famiglia nella stanza dei bottoni. Cinquantasei anni, laurea a Boston, master ad Harvard, Franca ha avuto qualche esperienza professionale all'estero (Colgate-Palmolive) prima di ritornare nell'azienda di Treviso. Ma, sulle sue capacità, i manager del gruppo nutrono parecchi dubbi. Almeno a quanto risulta dalle intercettazioni della procura di Genova. «Franca ha delle rigidità stupide» dice uno di loro. E poi: «Non si rende conto». Quel che è certo è che «le piacciono i dividendi». Ma di fronte ai problemi veri dell'azienda «non sa cosa dire».

Il 4 febbraio 2020 Gianni Mion parla al telefono con Ermanno Boffa, il «genero», marito di Sabrina. L'oggetto della conversazione è proprio lei, Franca, la figlia di Giuliana. «Mi dice delle cose e poi non si rende neanche conto che, dopo cinque minuti, dice l'opposto di quello che ha detto prima» si lamenta. E Boffa gli racconta dell'incontro tra le due cugine, Franca e Sabrina. «Lunedì Sabrina si è vista con Franca. Il problema è che quando si incontrano loro due, i discorsi non sono molto concreti...» La telefonata si chiude con il manager Mion sconsolato: «All'interno loro è tutto così. È tutto un grande problema. Tutto un grande problema».

È sempre Franca che si chiede stupita, dopo il crollo del ponte Morandi: «Ma perché ce l'hanno con noi? Mica abbiamo fatto niente...». Commento del manager (sempre con annessa risata): «No, dico, vi siete solo arricchiti...». In un'altra telefonata lo stesso Gianni Mion parla di Franca a un importantissimo manager del gruppo. E insieme si prendono gioco di lei: «Lo sai qual è stato il commento di... come si chiama? Franca Bertagnin Benetton che da New York segue la vicenda? "Ho visto della lentezza"». E giù a ridere. In effetti: crolla tutto, succede di tutto, l'impero di famiglia perde i pezzi. E lei da New York osserva: «Ho visto della lentezza...». Le frasi della signora Franca suscitano ilarità anche perché, come spiega lo stesso Mion in un'altra telefonata, l'unico suo problema pare quello di avere più soldi: «Franca sta sempre lì a rompere i coglioni. Lei vuole tanti dividendi». Solo dividendi. Tanti. Anche di fronte alla tragedia. Anche di fronte alla sofferenza. Anche di fronte allo sfascio dell'azienda. Perché «non si rende conto». Ecco: non si rende conto. Siede nella stanza dei bottoni. Ha raccolto il testimone di sua mamma. Ha ereditato una fortuna. Occupa una poltrona importante. Decide. Influisce.

Comanda. Però «non si rende conto». Per questo è incerto il futuro dell'impero Benetton.

Dai palazzi a Parigi alle ville a Cortina: una riffa per spartirsi gli immobili

Chi ha vinto il palazzo in avenue des Champs-Élysées a Parigi? E chi il Fondaco dei Tedeschi a Venezia? A chi tocca la Volta dei Mercanti di Firenze? E a chi la villa a Cortina? Chi avrà l'imponente immobile in piazza Augusto Imperatore a Roma, diventato sede del lussuosissimo hotel Bulgari? E chi l'Isolato Ridotto in San Marco a Venezia, con incluso l'Hotel Monaco e Grand Canal? Novembre 2023, nello studio di un noto commercialista si procede con l'estrazione a sorte. Proprio così: estrazione a sorte. Non è dato sapere quale sia stato il metodo usato, se la boccia di vetro modello antica pesca di beneficenza o le moderne tecnologie informatiche. Ma di sicuro, per dividere il patrimonio immobiliare, la famiglia Benetton è stata costretta a far ricorso al caso. Al sorteggio. Alla riffa. Mettersi d'accordo in altro modo, evidentemente, era impossibile. E anche questo la dice lunga sull'unità della seconda generazione. Sulla loro incapacità di parlarsi. E, soprattutto, sulla loro incapacità di andare d'accordo.

Di palazzi, nel corso degli anni, i Benetton ne hanno accumulati tanti. Forse troppi. Il patrimonio immobiliare è arrivato a contare 97 edifici sparsi in 13 Paesi, per un valore di circa 2 miliardi di euro. «Gilberto aveva per il mattone una passione sconfinata, quasi insana» mi hanno ripetuto, all'unisono, diverse persone che lo hanno conosciuto. I palazzi gli piacevano. Ne ha sempre comprati molti. E non voleva farli gestire da nessuno. Li voleva controllare lui. Quando i suoi collaboratori gli proponevano di affidarli a qualche società specializzata in grado, magari, di farli fruttare meglio, quasi si offendeva. Giù le mani dal mattone. Roba mia.

Così quando Gilberto è mancato, nel 2018, anche l'eredità immobiliare è stata un problema per la famiglia. Come la gestiamo? Che ne facciamo? Alla fine non si è trovato di meglio che tirare a sorte. Secondo quanto riferito dal «Sole 24 Ore», al ramo di Luciano sono andati il palazzo di piazza Augusto Imperatore a Roma e alcune proprietà a Bruxelles; al ramo di Giuliana è andato il prestigioso immobile di avenue des Champs-Élysées a Parigi; agli eredi di Gilberto sono andati il Fondaco dei Tedeschi a Venezia, una casa a Cortina in corso Italia e altri tre immobili a Milano, Padova e Bologna; mentre agli eredi di Carlo è andato l'Isolato Ridotto in San Marco a Venezia con l'Hotel Monaco e Grand Canal, oltre alla Volta dei Mercanti di Firenze e al Relais Monaco a Ponzano Veneto. Si è fatto in modo di dare a ogni famiglia un «pacchetto» di edifici per un valore di 220 milioni di euro. Sulla carta. Perché sul mercato è stato calcolato che valgono almeno il doppio.

Certo: resta un po' d'amarezza nel vedere che mentre gli eredi Benetton si spartiscono con la riffa un patrimonio immobiliare miliardario, in giro per l'Italia, sulle vetrine dei negozi con il loro marchio, compaiono una dopo l'altra le scritte: «Cessata attività». Dalla lotteria dei miliardari alla lotteria dei disperati: sono sempre più numerosi, infatti, i rivenditori estratti a sorte dalla crisi. E Benetton non nasconde di voler ridurre ancora di più il loro numero: nel dicembre 2024 annuncia altre chiusure (419 su 3500) oltre alle 100 che ci sono già state, soltanto in Italia, nel 2023. Sul sito Ucb (Unione commercianti bistrattati) c'è una specie di Spoon River delle rivendite Benetton: 8 gennaio 2024, chiude Benetton a Novellara; 21 gennaio 2024, chiude Benetton a Saluzzo (e mette in vendita anche gli scaffali); 1° febbraio 2024, chiude Benetton a Piacenza; 3 marzo 2024, chiude Benetton ad Arezzo; 10 marzo 2024, chiude Benetton a Viadana; 2 aprile 2024, chiude Benetton a Cecina; 7 maggio 2024, chiude Benetton a Crotone; 11 giugno 2024, chiude Benetton a Palermo; 16 settembre 2024, chiude Benetton a Porto San Giorgio; 23 ottobre 2024, chiude Benetton a Lagonegro; 10 novembre 2024, chiude Benetton a Mestre; 19 novembre 2024, chiude Benetton a Foggia, il più grande negozio di tutta la Puglia. La lista è infinita. E dietro ogni chiusura c'è un dramma, una tragedia. A volte persino qualcuno che si toglie la vita. «Avevamo il sangue verde perché eravamo innamorati di questo marchio. Eravamo drogati del color verde» scrive sul blog uno degli ex rivenditori Benetton, Stefano Guarelli. «Un'azienda che sulle spalle di noi affiliati è diventata ricca, mentre a noi sono rimasti solo i debiti che hanno prodotto separazioni familiari, depressioni, malattie, suicidi e tanta povertà.»

La povertà, invece, di sicuro non tocca i Benetton:

nonostante la crisi dei loro maglioni e dei loro negozi, infatti, nella classifica «Forbes» 2024 due rappresentanti della famiglia (Luciano e Giuliana) figurano tra i primi mille Paperoni a livello planetario. E ben quattro (Luciano, Giuliana e le due figlie di Gilberto, Sabrina e Barbara) figurano fra i primi sessanta Paperoni d'Italia. Luciano e Giuliana hanno a disposizione un patrimonio di 3,3 miliardi di dollari a testa. Sabrina 1,8 miliardi. Barbara 1,5 miliardi. Tanti soldi. Alla faccia degli operai che restano a casa. Dei negozi che chiudono. E dei commercianti che perdono il lavoro e, a volte, pure la vita.

«L'hanno capito tutti che siamo degli inetti, no?»

Anno 2006. Su «Vanity», per la foto di copertina che celebra i quarant'anni dell'azienda, la famiglia si schiera quasi al completo. Tutti belli, tutti eleganti, tutti sorridenti. I quattro fratelli della prima generazione (Luciano, Giuliana, Gilberto e Carlo), una nutrita rappresentanza della seconda generazione (Alessandro, Mauro, Sabrina, Franca, Daniela, Massimo...) e i piccoli della terza (Tobias, Giuditta, Carlotta, Ferdinando...). In tutto sedici persone: gli uomini in smoking, le donne col vestito da sera e ricco corredo di gioielli, i bimbi tutti in bianco. Dietro le spalle, il magnifico giardino della villa di Ponzano. Una foto da sogno. «Guardateli, una vera famiglia italiana. L'unica dinastia del Paese che ha saputo raccontare unità e senso etico» dirà il fotografo di corte Oliviero Toscani dodici anni più tardi. Ma quando pronuncia quelle parole, in realtà, la famiglia è già andata in mille pezzi. E la sua immagine pure.

Le parole di Toscani, infatti, sono state pronunciate il 26 ottobre 2018, ai funerali di Gilberto. Il fotografo non se ne rendeva conto (è la persona che ha detto: «A chi interessa se casca un ponte?», dunque è normale che non si rendesse conto di nulla). Ma la famiglia di Treviso in quel momento sta per essere distrutta. O forse lo è già. Non solo perché nel 2018 ci sono stati tre lutti importanti (se ne sono andati due dei quattro fratelli fondatori, Carlo e Gilberto, oltre al marito di Giuliana, Fioravante Bertagnin). Ma, soprattutto, perché il 14 agosto 2018 è crollato il ponte Morandi. Una tragedia spaventosa, proprio sull'autostrada gestita da una società della famiglia. I più si aspetterebbero che, di fronte a quarantatré morti, quegli imprenditori che della comunicazione hanno fatto un'arma vincente dicessero qualcosa. Invece no. Tacciono. E festeggiano. E così, in pochi giorni, distruggono l'intera loro storia. Altro che unità. Altro che senso etico.

Quello che viene fuori dall'inchiesta è noto: il ponte Morandi è crollato perché non sono state fatte le manutenzioni richieste da anni. Fra il 1982 e il 1999, cioè fino a quando quel viadotto era gestito dallo Stato, sono stati spesi per la manutenzione 24 milioni, cioè circa 3700 euro al giorno. Dal 1999, quando la gestione è passata nelle mani dei Benetton, per la manutenzione sono stati spesi 488.000 euro, cioè circa 70 euro al giorno. Cinquanta volte di meno. Se uno spende cinquanta volte di meno per la manutenzione, è ovvio che i viadotti siano a rischio.

Lo si diceva da anni nelle riunioni dei tecnici. Si indicava proprio il ponte Morandi. Si prevedeva che potesse crollare. Ma non si interveniva. Per non spendere. «I cavi sono già corrosi» dichiarava uno dei dirigenti delle autostrade il 25 giugno 2018, cinquanta giorni prima del crollo. E l'altro, che avrebbe dovuto intervenire, rispondeva: «'Sti cazzi, io me ne vado».

Le manutenzioni delle strade non venivano fatte perché (parole testuali dei dirigenti del gruppo) «così distribuivamo più utili e la famiglia Benetton era contenta». Per questo non era stato sistemato il ponte Morandi, anche se le sue precarie condizioni erano note fin dal 2010. Per questo i tronchi dell'autostrada erano «incollati con il Vinavil». Per questo i lavori erano eseguiti «alla cazzo». E per questo a fare i controlli «ci mandavano i ciechi». Per ridurre i costi, ovvio. La sicurezza degli automobilisti è stata messa a rischio, quarantatré persone ci hanno rimesso la vita, una città è stata ferita, in compenso i signorotti di Treviso si sono arricchiti (5,5 miliardi di euro incassati dal giorno della privatizzazione delle autostrade). Poi, quando il ponte è crollato, smaltiti i postumi delle feste di Cortina, i Benetton hanno scritto in una lettera che era tutta colpa dei dirigenti. Che loro con la tragedia non c'entravano nulla e che anzi si sentivano «parte lesa». Parte lesa, capito? Quarantatré persone morte e loro si sentono «parte lesa».

Quella lettera comparve sul «Corriere della Sera» il 1° dicembre 2019. E ai manager non è mai andata giù. «C'è poco da fare, è la prova di inettitudine certificata» disse Gianni Mion in una telefonata finita agli atti della procura di Genova. E poi attaccò «quello» che scrisse la lettera per dire che «non c'entra un cazzo» (cioè, per l'appunto, Luciano Benetton): «Non c'entri un cazzo perché non capisci niente». Il dirigente Mion, che è stato più di un dirigente, è stato l'uomo di famiglia, il consigliere fidato, il punto di riferimento del gruppo, si sentiva scoraggiato. Deluso. E perciò era diventato feroce: «Tanto l'hanno capito tutti che i Benetton non capiscono un cazzo e che siamo degli inetti, no?».

Il problema è che nemmeno la seconda generazione sembra avere la sensibilità necessaria per gestire la situazione. Nemmeno loro sembrano rendersi conto. È questo che emerge dalle carte dell'inchiesta sul crollo del ponte Morandi: i rampolli dei Benetton pensano solo ai soldi. A incassarne tanti. A incassarne sempre di più. Alla fine ci riescono: dal 2018, anno del crollo, al 2023 hanno messo in tasca 450 milioni di utili, poi hanno venduto e hanno portato a casa dallo Stato altri 8 miliardi di euro. Se ci pensate è incredibile: la famiglia della solidarietà, dell'impegno, del rispetto dell'ambiente, finisce per pensare solo al denaro. Anche di fronte ai quarantatré cadaveri. Anche di fronte alla tragedia. Pensano solo a quello. A come diventare più ricchi. «Poveretti, non hanno capito. Il che significa che sono proprio indegni» commenta Mion in una telefonata.

Indegni, avidi, inetti. Così vengono descritti gli eredi Benetton. Eppure sono loro ad avere nelle mani l'impero di Treviso. I loro genitori lo hanno creato. Loro lo stanno coprendo di vergogna. «Il passaggio generazionale è stato mal governato. Siamo arrivati impreparati e ci siamo trovati nella tempesta» ha ammesso con una certa onestà Ermanno Boffa. E anche il mio interlocutore, che conosce tutti i segreti dei Benetton, conferma: «La prima generazione ha avuto la colpa di non preparare la successione. E non l'ha preparata perché si sono identificati troppo con l'azienda, fino all'ultimo. Si sono identificati in modo quasi penoso. E non hanno pensato al futuro». Ora resta da vedere se una successione così mal gestita, dentro i confini di un impero che perde colpi, con i veleni accumulati negli anni, e con persone così meschine, riuscirà a reggere alle prove del tempo e alle sfide che inevitabilmente arriveranno. Difficile pensarlo, con buona pace di zar Alessandro e dei suoi proclami. Come potranno quegli «avidi», «indegni», «inetti» portare avanti il glorioso gruppo? A Treviso, purtroppo, da qualche tempo scorrono solo soldi e miserie. United Dolors of Benetton. C'era una volta un marchio sulla cresta dell'onda. Ora è finito, pure lui, sulla cresta dell'onta.

Grazie

Grazie a Nicoletta, che ama il sushi e i libri, e più vado avanti più capisco quanto sono stato fortunato a incontrarla.

Grazie a Massimo, Manuela e a tutto lo staff della Rizzoli che sa accogliere e coltivare le idee.

Grazie a tutti quelli che mi hanno aiutato, che mi hanno raccontato, che mi hanno sussurrato e che, per ovvie ragioni, non posso citare.

Grazie ad Antonio, il re delle carte.

Grazie ad Andrea, che una domenica di maggio mi ha dato l'idea.

Grazie a Evita perché anche se pensa di abbandonarmi ci sarà sempre.

Grazie ad Alice, Lorenzo, Sara e Camilla, quattro meravigliosi figli, che continueranno la dynasty, ognuno a suo modo, ognuno con la sua passione, ognuno con il suo talento.

Grazie ad Agata, che erediterà l'amore e la follia dei Giordanos (ma guai a te se mi chiamerai nonno).

Grazie a Paola, che vale più di un tesoretto alle Bahamas e di un dividendo miliardario.

E grazie soprattutto a mia mamma e a mio papà, che mi hanno lasciato in eredità un patrimonio che non si conta in euro, ma che vale più di quello degli Agnelli, dei Del Vecchio, dei De Benedetti e dei Benetton messi insieme. Si chiama esempio.

Bibliografia

Introduzione

Biagi Enzo, *Dinastie*, Mondadori, Milano 1988.

Cazzullo Aldo, *Il mio vero nemico non fu Berlusconi, Romiti ha fatto di tutto per distruggermi*, «Corriere della Sera», 26 ottobre 2024, p. 24.

Si chiamano Agnelli, ma sono lupi

Amendolara Fabio, *Con Picasso e Monet gli Agnelli hanno sottratto 32 milioni al fisco*, «La Verità», 26 settembre 2024, p. 11.

Amendolara Fabio e De Tonquédec François, *Eredità Agnelli, nuove perquisizioni. E spunta il reato di falso ideologico*, «La Verità», 27 novembre 2024, p. 15.

Barbieri Attilio, *L'autodistruzione di Stellantis*, «Libero», 3 ottobre 2024, p. 1.

Baresani Camilla, *Intervista a Margherita Agnelli*, «Vanity Fair», marzo 2004.

Belpietro Maurizio, *Gli Agnelli e i sussidi: a loro sì, alla plebe no*, «La Verità», 3 febbraio 2024, p. 7.

Belton Catherine, *Putin's People*, William Collins, Londra 2020 (trad. it. *Gli uomini di Putin*, La Nave di Teseo, Milano 2020).

Biondani Paolo e Riva Gloria, *Le off shore di nonna Marella e degli Elkann*, «L'Espresso», 21 ottobre 2024, p. 75.

Boffano Ettore, *Marella era «italiana»: Margherita dà ai pm la carta autisti & piloti*, «il Fatto Quotidiano», 15 febbraio 2024, p. 6.

Boffano Ettore, *Quanti maltrattamenti per le domande a Elkann*, «il Fatto Quotidiano», 1° giugno 2024, p. 7.

Boffano Ettore, *Agnelli addio. Ormai quella dinastia non c'è più: resta il problema del fisco*, «il Fatto Quotidiano», 22 luglio 2024, p. 12.

Boffano Ettore, *Truffa allo Stato, 75 milioni sequestrati ai fratelli Elkann*, «il Fatto Quotidiano», 21 settembre 2024, p. 8.

Boffano Ettore, *Tavares va in Parlamento: vuole soldi e insulta tutti*, «il Fatto Quotidiano», 12 ottobre 2024, p. 7.

Boffano Ettore, *Prima della faida ereditaria Gianni voleva adottare Jaki*, «il Fatto Quotidiano», 28 novembre 2024, p. 15.

Boffano Ettore e Grasso Marco, *Fisco, inchiesta sugli Agnelli: indagato anche John Elkann*, «il Fatto Quotidiano», 9 febbraio 2024, p. 9.

Boffano Ettore e Grasso Marco, *Agnelli, le intercettazioni dietro i nuovi sequestri*, «il Fatto Quotidiano», 9 marzo 2024, p. 8.

Boffano Ettore e Grasso Marco, *Eredità Agnelli: atti fantasma per prendersi tutto l'impero*, «il Fatto Quotidiano», 14 marzo 2024, p. 6.

Clark Jennifer, *L'ultima dinastia*, Solferino, Milano 2024.

Dama Salvatore, *Il libro di Marella usato dagli Agnelli per frodare il fisco*, «Libero», 25 settembre 2024, p. 3.

Del Debbio Paolo, *Con Jaki la specie degli Agnelli si è involuta*, «La Verità», 3 ottobre 2024, p. 11.

Della Penna Azzurra, *La musica che fa volare*, «Chi», 24 luglio 2024, p. 21.

Della Penna Azzurra, *La corsara rosa*, «Chi», 24 luglio 2024, p. 24.

De Paolini Osvaldo, *Ora Elkann ci spieghi*, «il Giornale», 3 febbraio 2024, p. 1.

Di Corrado Valeria, *Agnelli, gioielli fuori eredità: valgono quasi 50 milioni*, «Il Messaggero», 22 settembre 2024, p. 11.

Faillaci Sara, *Io combatto* (intervista a Lapo Elkann), «Vanity Fair», giugno 2007.

Fazzo Luca, *Agnelli alla sbarra*, «il Giornale», 18 luglio 2024, p. 29.

Fazzo Luca, *Fiduciarie e fondi esteri. I trucchi degli Elkann per non pagare le tasse*, «il Giornale», 26 settembre 2024, p. 3.

Feltri Vittorio, *Elkann e il nonno. Disastri di famiglia*, «il Giornale», 6 ottobre 2024, p. 1.

Ferraino Giuliana, *Eredità Agnelli, battaglia in aula: Margherita faccia a faccia con i figli*, «Corriere della Sera», 30 novembre 2024, p. 27.

Ferrando Marco, *Elkann: costruiamo un futuro più forte. Il segnale al governo*, «Avvenire», 31 maggio 2024, p. 5.

Gamna Emanuele, *M. L'importanza di chiamarsi Agnelli*, Class Editori, Milano 2011.

Grasso Marco, *Inchiesta Elkann, verifica dei pm sui «nuovi» quadri*, «il Fatto Quotidiano», 14 febbraio 2024, p. 10.

Grasso Marco, *Gioielli veri e regali finti per evadere il fisco*, «il Fatto Quotidiano», 25 settembre 2024, p. 6.

Hurner Marc, *Les usurpateurs*, Ginevra 2008.

Iacometti Sandro, *Gli Elkann tagliano tutto ma non i loro dividendi*, «Libero», 12 aprile 2024, p. 2.

Molinari Maurizio, *Andrea Agnelli: «La Superlega andrà avanti, trattiamo con l'Uefa»*, «la Repubblica», 21 aprile 2021, p. 1.

Moncalvo Gigi, *Agnelli coltelli*, Vallecchi, Firenze 2022.

Moncalvo Gigi, *La contessa del lago*, «Panorama», 9 ottobre 2024, p. 45.

Moncalvo Gigi, *Margherita e il tesoro conteso*, «Panorama», 16 ottobre 2024, p. 42.

Moncalvo Gigi, *Una spietata caccia al tesoro*, «Panorama», 6 novembre 2024, p. 34.

Palombi Marco, *Gli operai vanno in piazza, gli Agnelli incassano 56 milioni*, «il Fatto Quotidiano», 12 aprile 2024, p. 9.

Parrino Beatrice, *Avec John Elkann. Dans l'univers secret du président de Stellantis et de Ferrari*, «Le Point», 19 dicembre 2024, p. 1.

Sechi Mario, *Stellantis affonda nel silenzio degli Elkann*, «Libero», 26 luglio 2024, p. 1.

Spinelli Barbara, *L'avvocato della gente*, «La Stampa», 26 gennaio 2003, p. 1.

Del Vecchio, e tutti vissero spiati e scontenti

AA.VV., *Il più ricco in Italia è il re degli occhiali*, «Corriere della Sera», 27 novembre 1991, p. 1.

AA.VV., *Del Vecchio jr, amore finito. Lei sui social: «Mi ha abusata»*, «il Giornale», 23 luglio 2024, p. 18.

Calabrò Antonio, *Ricco e onesto, un miracolo italiano*, «la Repubblica», 28 novembre 1991, p. 17.

Ceccarelli Filippo, *La svolta del Twiga, il santuario pacchiano che sfidò Capalbio*, «la Repubblica», 8 dicembre 2024, p. 21.

Cingolani Stefano, *Chi è Francesco Milleri, il manager che Del Vecchio ha voluto a capo del suo impero*, www.ilfoglio.it, 10 luglio 2023.

Cingolani Stefano, *Il figlio ricco*, «Il Foglio», 21 luglio 2024, p. IV.

D'Angelo Vito, *Il Paperone d'Italia si confessa: «Sono felice ma la mia famiglia ha paura»*, «Corriere della Sera», 29 novembre 1991, p. 17.

Deugeni Andrea, *Tutto in alto mare*, «Milano Finanza», 9 novembre 2024, p. 31.

Ebhardt Tommaso, *Leonardo Del Vecchio*, Sperling & Kupfer, Milano 2022.

Fubini Federico, *Del Vecchio: ora scelte rivoluzionarie*, www.corriere.it, 27 dicembre 2021.

Gambarini Francesca, *Chi è Nicoletta Zampillo, la seconda e quarta moglie di Del Vecchio*, www.corriere.it, 27 giugno 2022.

Manca Daniele, *Da colazione fino a notte sempre accanto a Del Vecchio. Ora gli otto eredi capiscano la responsabilità che hanno* (intervista a Francesco Milleri), «Corriere della Sera», 23 novembre 2024, p. 26.

Mangano Marigia, *Delfin, stallo sul dossier dell'eredità Del Vecchio. Spaccatura tra soci*, «Il Sole 24 Ore», 9 ottobre 2024, p. 6.

Mangano Marigia, *Essilux da record in Borsa. Ora vale 100 miliardi*, «Il Sole 24 Ore», 23 ottobre 2024, p. 35.

Mezzacasa Mirko, *Per Leonardo Del Vecchio un'unica esperienza in politica in minoranza*, Radio Più, www.radiopiu.net.

Polizzi Daniela, *Il mio family office? Investiti 220 milioni nelle eccellenze da portare nel mondo* (intervista a Leonardo Maria Del Vecchio), «Corriere della Sera», 14 luglio 2024, p. 29.

Polizzi Daniela, *Del Vecchio, gli hacker e le carte false per screditare il fratello e la fidanzata*, «Corriere della Sera», 28 ottobre 2024, p. 6.

Polizzi Daniela e Bertolino Francesco, *Eredità di Del Vecchio, dallo yacht Moneikos alla palazzina sul Lungotevere: ecco l'inventario*, www.corriere.it, 4 luglio 2023.

Pons Giovanni, *In Luxottica non conto nulla. È Leonardo a decidere tutto* (intervista a Nicoletta Zampillo), «la Repubblica», 16 ottobre 2014.

Pons Giovanni, *Il «ricatto» sull'eredità che divide la famiglia Del Vecchio*, «Affari & Finanza», 11 novembre 2024, p. 14.

Sacchi Maria Silvia, *Luxottica, il futuro è dei manager*, «Corriere della Sera», 15 dicembre 2003, p. 4.

Sacchi Maria Silvia, *Leonardo Del Vecchio: «Perché sono tornato in Luxottica? I manager servivano, ma la famiglia conta di più»*, www.corriere.it, 22 novembre 2016.

Scalise Irene Maria, *Mio padre era scettico sui ristoranti, oggi sarebbe contento della mia scelta* (intervista a Leonardo Maria Del Vecchio), «Affari&Finanza», 3 giugno 2024, p. 9.

Serra Monica, *Un finto dossier sul sesso per Del Vecchio junior contro il fratello Claudio*, «La Stampa», 27 ottobre 2024, p. 4.

De Benedetti e l'impero di carta (straccia)

AA.VV., *Editoria: De Benedetti lascia la Cir ai figli*, www.corriere.it, 29 ottobre 2012.

AA.VV., *Farò l'editore puro, lascio un gruppo in salute*, www.repubblica.it, 30 ottobre 2012.

Amadori Giacomo, *De Benedetti: Io, grande vecchio dicevo a Renzi che è un cazzone*, «La Verità», 13 gennaio 2018, p. 3.

Bocconi Sergio, *Carlo De Benedetti, l'Espresso e la lite con i figli: ragioni, accuse e rancori della saga familiare*, www.corriere.it, 14 ottobre 2019.

Calabresi Mario, *Indipendenza e libertà al servizio dei lettori*, «la Repubblica», 13 gennaio 2018, p. 1.

Cazzullo Aldo, *Carlo De Benedetti: «Gedi va risanata. I miei figli non sanno fare gli editori, non amano Repubblica»*, www.corriere.it, 15 ottobre 2019.

Condina Cheo, *Usciamo da Gedi a testa alta, parla Rodolfo De Benedetti*, www.ilsole24ore.com, 10 dicembre 2019.

Cresto-Dina Dario, *Io, mio padre e il futuro della Cir* (intervista a Rodolfo De Benedetti), www.repubblica.it, 31 ottobre 2012.

Cresto-Dina Dario, *Sbagliate le parole di mio padre. Pensiamo al futuro di «Repubblica»*, 20 gennaio 2018, p. 1.

De Benedetti Carlo, *L'avventura della nuova economia*, Longanesi, Milano 2000.

De Benedetti Carlo, *Radicalità*, Solferino, Milano 2023.

De Benedetti Carlo e Rampini Federico, *Centomila punture di spillo*, Mondadori, Milano 2008.

Fazzo Luca, *Dall'Ambrosiano a Tangentopoli, tutti i passi falsi dell'Ingegnere*, «il Giornale», 22 settembre 2015, p. 8.

Fazzo Luca, *I 32 miliardi che inchiodano De Benedetti sull'Ambrosiano*, «il Giornale», 23 settembre 2015, p. 12.

Gerevini Mario, *De Benedetti, il patto di famiglia e la «Segreto fiduciario»*, «Corriere della Sera», 18 maggio 2013.

Iacometti Sandro, *De Benedetti dà lezioni ma la sua cassaforte piange*, «Libero», 30 luglio 2024, p. 11.

Masneri Michele, *La repubblica del rampollo*, «Il Foglio», 13 marzo 2016.

Mazzanti Paolo e Mazzucca Giancarlo, *Eredi*, Sperling & Kupfer, Milano 1992.

Merlo Salvatore, *Ancora tigre o leone sdentato? De Benedetti lo dica lei*, «Il Foglio», 4-5 giugno 2016, p. VI.

Proietti Michela, *«A 15 anni lasciai la scuola. Le nozze con De Benedetti? Suo padre non tifava per me»* (intervista a Paola Ferrari), «Corriere della Sera», 5 maggio 2024, p. 23.

Rampini Federico, *Per adesso*, Longanesi, Milano 1999.

Turani Giuseppe, *Il capitalista inutile*, «Uomini&Business», maggio 2014, p. 1.

United Dolors of Benetton

Amadori Giacomo e Rico Alessandro, *Interessi di famiglia*, «Panorama», 31 marzo 2021, p. 8.

Benetton Alessandro, *La traiettoria*, Mondadori, Milano 2022.

Bennewitz Sara, *Benetton, regole di famiglia. Nella Edizione di Alessandro in cda solo chi ha un master*, «la Repubblica», 29 giugno 2024, p. 29.

Biondani Paolo e Sisti Leo, *Ecco svelati i segreti esteri dei Benetton*, «L'Espresso», 27 agosto 2018.

Cingolani Stefano, *Benetton, chi?*, «Il Foglio», 2 giugno 2024, p. IV.

Da Silva Giulio, *Dalle grandi famiglie grandi disastri*, «il Fatto Quotidiano», 1° giugno 2024, p. 10.

Da Silva Giulio, *Tutto è perdonato, i Benetton fanno ancora affari d'oro*, «il Fatto Quotidiano», 9 settembre 2024, p. 12.

Dragoni Gianni, *La sacra famiglia*, Chiarelettere, Milano 2021.

Favero Gianni, *Benetton, mille addetti in solidarietà*, «Corriere del Veneto», 4 luglio 2024, p. 11.

Grassia Luigi, *Benetton, 375 in solidarietà. La crisi ricade sui lavoratori*, «La Stampa», 4 luglio 2024, p. 18.

Manca Daniele, *L'addio amaro di Luciano Benetton: «Sono stato tradito»*, «Corriere della Sera», 25 maggio 2024, p. 32.

Mangano Marigia, *Benetton, ecco come la famiglia ha diviso palazzi per 1 miliardo*, «Il Sole 24 Ore», 30 novembre 2023, p. 8.

Mangano Marigia, *Benetton, nuovo patto: più poteri ad Alessandro, debutta in azienda la terza generazione*, «Il Sole 24 Ore», 28 giugno 2024, p. 24.

Morvillo Candida, *La mia vita con tre figli, ora sono più paziente* (intervista ad Alessandro Benetton), «Corriere della Sera», 3 marzo 2024, p. 20.

Paolini Roberta, *Piazza Augusto, Champs Elysées e il fondaco: i Benetton dividono l'impero del mattone con un sorteggio*, «Messaggero Veneto», 1° dicembre 2023, p. 16.

Polizzi Daniela, *Benetton, rinnovabili e sostenibilità: la nuova strategia di famiglia*, «Corriere Economia», 29 luglio 2024, p. 8.

Polizzi Daniela, *Benetton, la stretta sui negozi: «Tagli ma utile in due anni»*, «Corriere Economia», 29 novembre 2024, p. 37.

Riva Gloria, *Il rosso Benetton è un giallo*, «L'Espresso», 12 luglio 2024, p. 54.

Tamburini Fabio, *Benetton: Edizione, cuore e testa italiani, anche se per il 70%* (intervista ad Alessandro Benetton), «Il Sole 24 Ore», 10 ottobre 2024, p. 6.

Vallin Eleonora, *Benetton apre la manifattura di Olimpias ai marchi concorrenti*, www.repubblica.it, 7 febbraio 2017.

Zanotti Emanuela, *Io donna e madre. Donne celebri si raccontano*, Paoline, Milano 2002.

Indice

Finito di stampare nel mese di febbraio 2025
Stampato su carta HOLMEN
con fibra vergine proveniente da foreste sostenibili holmen.com/paper
ELCOGRAF S.p.A. – Stabilimento di Cles (TN)

Printed in Italy